ホワイト・イーグル

天使と妖精

グレース・クック

桑原啓善 訳

ワンネス・ブック シリーズ4

付・優雅な友

The Ministry of Angels and the Invisible World of Nature

White Eagle
"SPIRITUAL UNFOLDMENT Ⅱ"
"THE GENTLE BROTHER"

The White Eagle Publishing Trust ©
New Lands, Brewells Lane, Rake
Liss, Hampshire, England

本書は『天使と妖精』の書名で、昭和六十三年に潮文社から発行されていましたが、このたび「ワンネス・ブック シリーズ」の一冊に加えるために、新版としてでくのぼう出版社から発行いたしました。

旧版・訳者まえがき

近時、霊魂の存在が認められつつある。喜ばしいことである。それは人間生活とは不可分の関係にあるのだから、霊魂を知ることは、個人の幸福、社会の改善、人類の平和のために、未来は明るいという意味においてである。ただし、これまで多く語られてきたのは、死んだ人間の霊魂についてである。勿論、これが人間の関心の重大な部分であるから当然のことである。しかし、現実に存在し、人霊とともに人間生活に重大なかかわりをもっているものに、自然霊というのがある。つまり、一度も肉体をとったことがない、初めから霊魂のままの幽的存在である。大別すると、高級な自然霊はいわゆる天使（エンゼル）、下位の自然霊は妖精（フェアリー）と呼ばれている。

実は、これらが人間生活と不離の関係にあり、しかも、人間の生命・守護・運命、また自然現象と深くかかわっていることが、心霊研究家の間にも意外と知られていない。つまり、人霊だけの知識や研究だけでは、人間の本当のことは分からないということである。

優れた霊能者グレース・クック女史を通じて、神秘の霊智に通じる高級霊ホワイト・イーグルからの、自然霊に関する貴重な通信が本書である。おそらく、読者はいろいろな妖精がどんなに人間の身近にいるかを知って驚かれるだろう。天使、つまり神々とも称すべき霊的存在が、人間のそばに常にあって、出生から死まで監視・守護・指導している事実を知って、目を見張られるだろう。

また、人間の心情が自然霊に、直接微妙に反応する事実に気付かれるなら、未来の農法は化学的なものから、自然霊と協同した霊的自然農法に変化すべきことを見て取られるだろう。あるいは、気象、地震、噴火、洪水、嵐、地殻変動にわたる一切の自然現象を、将来、人間は天使等との調和において調整可能であることも推察されよう。つまり、ここには宇宙の神秘に参入する資格者である、天使に併行した進化系統にある人類の相貌が、あるいは読み取れるのではないかと筆者は思うのである。

日本で、自然霊を総体的に取り扱った著書はない。浅野和三郎氏が、「妖魅と妖精」「竜神」に関する研究などの小論を発表しているが、絶版になっている。外国には、コナン・ドイル『妖精来』、ジョフレー・ホドソン『天使来』などがあるが、その要旨の一部は浅野氏の小論の中に紹介されている。浅野氏は天使を竜神とみなし、竜神は日本の八百万《やおよろず》の神々に当たるとし、天狗や仙人は妖魅・妖精の一種であるとしている。筆者も竜神や天狗を見た体験よりして、先ず妥当なところと感じている。

『優雅な友』は、ホワイト・イーグルがすでにある程度の霊的知識をもった人々、なかんずく心霊治療に従事する人達を対象に、日常の心構えを説いたものである。この中で、繰り返し「キリスト」という言葉が出てくるが、これは二〇〇〇年前のイエスその人を指すのでなく、太陽神霊を意味している。それはまた人間にも内在している、つまり人間は太陽神霊の一部を内蔵する神の子である。ただし、まだ十分にそれを発揮していないが、その点、イエスはこれを十分に発現し得たキリスト人（神人）であった。われわれもこの神人を目指している。その発現の方法を、ホワイト・イーグルは教えてくれている。心の静寂こそ、内在のキリストに近付く道である。心の静寂において得られるものが「愛」である。愛こそはキリスト神性原理、われわれ神の子の本性でもある。また、高級自然霊である天使らとつながる原理、妖精たちを引き寄せる原理。すなわち、人間がキリスト人として神となる原理、天使らと協調して地球の進化に協働する原理、妖精らを動かして自然現象に調和を与え、自らも自然の恵みを受け取る原理でもある。

天使と妖精——目次

天使と妖精

優雅な友

写真　熊谷淑德

The Ministry of Angels and the Invisible World of Nature

天使と妖精

第1章

妖精の国への道

数千年も昔、古代の民は天に祈り、天使の力を使って、農作物をたくさん産み出しました。今日も時には、畑で行われる伝統の豊熟祈願行事で、僧の祈願の際、これに近いことをする人たちもいます。また、自然の心の持ち主たちの中には、心をこめた農耕作業の中で、そうしたことをします。ただ違いは、古代人たちはいつもそうしたこと、天使の力や自然界の妖精たちと協同でそうしたこと、また土地の祝福のために光を求めて祈りを捧げたことなどです。その結果は、農作物の香気も栄養価も優れていたと聞いています。今日では自然を無視したやり方で豊作を求めようとしております。化学肥料、殺虫剤、その他の自然をたぶらかすやり方です。その結果、私たちは畑からも庭園からも、妖精の姿を失ってしまいました。

本書をお読みになる多数の方は、ホワイト・イーグルの教示を、すでに歓迎なされ認めておいでのでしょう。従って、妖精について、天使について、また大地と天に住む目には見えぬ大きな力について、もっと知りたいと思っておいででしょう。しかしながら、妖精を信じず、信じようとせぬ、少数の方たちも本書を開かれましょう。その方々は、妖精とは子供の空想の世界の産物、天使はステンド・グラスの窓か聖書物語にふさわしいもの、このように信じこんでおいででしょう。そのような人達も本書を読み進んでいただきたい。そのうち、本書の一つ一つの事が、成る程と合点がいくようになっていきましょうから。

　聖書には、含蓄のある言葉で、こう言われています、「死者は何一つ知らず」と。「死者」とは霊的に死んでいる人のことで、自分の口で食べ、手で触れ、耳で聞き、目に見えないものは何一つ知らない人、そういうことです。「死者は何一つ知らず」、まさに迷妄か幻影の世界に酔生夢死《すいせいむし》する、化け物的存在、さようなものです。

　聖書はこの死者を生者と対比しております。前者は、人は何処から来て、なぜ此処に住んでおり、死ねば何処へ行くのか、一向に無頓着な人。これに反して、生者とはこれに関心をもち始めている人のことです。本書の読者は後者のタイプであると、私は信じるものです。ですから、読み進まれるにつれて、生者の道へとどんどん進まれましょう。お読みになれば、書いてあることは、何やら異常な話、人によっては超人的な知識と、かようにも受け取られましょう。何と申しましても、これは古代の知恵の中にしかあり得ない種類の話ですし、出所はたしかにそこ、古代の英知の使者のみが伝え得る、そういう話なのですから。

「なぜ、ホワイト・イーグルが？」と本書の読者は問われましょう。イーグル（鷹）は遠目のきく鳥、高地の生物です。ホワイト・イーグルという名は、霊師を象徴する名であり、また、鷹の視力をもつ聖者とか教師、そういう意味があります。また、福音書の筆者・聖ヨハネの象徴は、この鷹であるとずっと言われてきました。私共の通信者のいったい何が、この象徴の名前をもつのでしょうか？

ホワイト・イーグルを永年ご存知の方は、彼が優しく、常に礼儀正しく、他者への配慮に溢《あふ》れていることをご承知です。イーグル霊は、話しかけている相手の魂について何でも承知しているようです。本人の内的自我とか、その思想も感情も、すっかり分かっているようです。相手の内的自我に向かって、ホワイト・イーグルは持ち前の優しい英知をもって語るのです。読者はこの通信の中に、霊的な性質とか種子を感じ取られるでしょう。全体を通じて、此の世の光ではないものが混じっている、この通信者は地上のしがらみを超越しきっている、こう感じられましょう。実際に、イーグル霊は「霊の立場から」われわれに語りかけてきます、この世の人とはかけ離れて清浄聡明な魂ばかりが住む国から、われわれに話しかけているのです。

それでは、どのようにしてこの通信は私達に届くのでしょうか。イーグル霊とある人との長期にわたる交流、これによって通信の授受が可能になるのです。この両者の間には、年月の織りなす絆《きずな》がありあります。実際に、この世の生涯をかけてのつながりがあるのです。

ホワイト・イーグルは、物質を超越した人たちと同様、山の高処に住地があります。しかし、意のままに天界の諸境へと住地を移すこともできます。

その通信の受信者であるグレース・クックは、その著書『光り輝く人々』の中で、彼女がヒマラヤのイーグル霊の家へ、霊体で訪ねて行った様子を詳しく述べています。

こう伝えています。この訪問はいささかも異世界的なものでなく、自然でごく当たり前のものだったと。ホワイト・イーグルは彼女が思っていたとおりでした。優しい話しぶり、生き生きとしたユーモアがあり、とりわけ、温かく親切で愛の雰囲気が全身を包んでいました。家は随分と高い処にあり、窓からは地平の彼方につづく山並が見えており――それは此の世とは思えぬ処でした。

ホワイト・イーグルが私共に話す時は、既述のとおり「霊の立場から」語ります。この立場がどんなものかは、私共には推測しかできませんが。本書はグレース・クックの口を使って、イーグル霊が長期にわたって行った講義、また談話を収録したものです。早いものは一九三四年にさかのぼり、比較的新しいものまで含んでいます。（訳者注、本書の初版の発行は一九六九年）従って、四分の一世紀以上にわたっているわけです。しかも、これらの話には細部にわたって、どんなに細かく年代を見ても、いささかの矛盾も見出されません。まさに首尾一貫の見本と申すべきか。

妖精について、天使について、またホワイト・イーグルの通信についても、何かを学びたいと思うなら、自らに問わねばならないでしょう、私たちがどんな宇宙に住んでいるのかと。想像をもって私たちは星くず散らばる夜空へと出て行きます。目に見える限りの宇宙が、どこまでも拡がっています。キラキラと美しく。でも恐ろしくもあるのです、その果てしなさ、空漠たる拡がりを思えばです。そこで私共は考え始めます。それに比べれば地球はどんなに小さいか、どんなにもろいか、ひとたまりもなく消すこともできると。また私たち自身も、吹けば飛ぶようなはかなく頼りない生を生きるものであると。私共は沈黙の答えもない無辺の空間を前にして、恐れながら立つものです。

さりながら、星は人知れず輝きつづけております……

さて、私共は星の輝きを、空気にひそむ星のきらめきを、静かに感じとろうと、呼吸しようと致します。従って、ある意味では、私共は現に星を吸入していると――そのエッセンスを吸引していると、それはもう私共の中の一部になっているといえます。このことは確かにそうなのです。天は思ったよりも私共の身近にあり、不離のものではないと思えるからです。頭上に、大地を覆う空気の毛布がなければ、星はもっと近く、もっと光って見えましょう。色もその変容もさまざまに、素晴らしいでしょうし、ずっと親しく思えるでしょう。

色――これにはいささか考えてみるべきことがあります。私共には星から発する光を分析できる機械があります。これを使いますと、光が分離でき、星を構成している要素は地球を構成している要素と全く同じであることが分かります。即ち星々も地球も本質的には兄弟であること、だからそこには何の違和も分離もあり得ないことが分かります。今や星から来る輝きは一層きらめいて見えます。私共の心の目が一層はっきりと星を見ていますから。はるかより私共に降る光が今は明るく純粋です。以前には無限に遠いと人は思っていましたから。もはや距離が私共を引きはなすことはありません。どの星とも私共は一つです、結ばれています。

今や不思議な驚くべき思想が私共に押し入って来ます。光だけではない、生命そのものも、星の世界から我々の方へと流れて来るのではあるまいかと。星の光が空間を越えて、生命のエッセンスの運び手担い手の役をしているのではあるまいかと。光と生命が結合して全宇宙に浸透しており、それで地球もすべての星も宇宙の生命の大海にひたって安住している、そうではなかろうかと。宇宙の生命の波と潮が、星と星とをつないで動かしつづけている。宇宙生命そのものは全宇宙の活力であって、海の波のように、私たちの世界に波打ち、生気を与え、そうです、世界の小児である人間を創造さえもしつづけている。そうだといえませんか。

目に見えない生命力が、目に見えるものの中に押し入るのは、どんな執拗《しつよう》さ、どんな知力によるのでしょう。自分を表現しようとそれは押し入るのだが、その不撓《ふとう》不屈さ、その無理矢理さよ！　生命は形を、物質としての存在をとらねばなりません。生命は残忍な虫類、爬虫類、鳥、動物にもなれます。海に住み、空を征服し、人間となって自然そのものの征服さえも可能です。執拗な生命は、害を与え破壊的なものにもなれれば、別の高貴にして自己犠牲的なものにもなれます。生命は祝福であり、また呪いにもなれます。生命は形をとり存在することをつづけます。完全へと向かって進みます。その完全に至るには、苦痛と時間と労力が、それなしではすまされません。海の波のように、生命は私たちの岸辺を叩きます。人はそれを春の訪れと呼びます。季節がくれば、波のように生命は引き潮となります。人はそれを秋の引き潮とか、病気とか死とか呼びます。

私たちみんなにある内的自我は、宇宙の大海からくる生命の波を感じます。それに反応します。私たちはこの感じに名付ける言葉を知りません。しかしかすかに知っています。生命が時に私たちに神への接近を覚えさせることがあると。また、こうした内的なひそかな生命のほのめきで、人は永生とか不滅をふと感じるものだと。

私共は星の世界の下で、じっと待っています。見つめております。しかし、星の世界には天の光輝がありまして、私共に展開する生命について語りかけます。生命そのものの本性、その執拗さよりして、生命は死を乗り超えるもの——これが全宇宙の声です。

これについて科学は何と言っているでしょうか。二種類の科学者がいまして、唯物主義者と、宇宙をもっと霊的な意味で考えている科学者です。前者は、宇宙を自動機械のように見ています。そこにはこれを統御する精神は無いというのです。それは、尽きることなく物的材料が自動的に供給され、機械から尽きることなく製品が産み出されていく工場になぞらえられます。

別の種類の科学者は、このような痛々しい観念を捨て去っています。彼等によると、宇宙は巨大機械などでなく、万事をのみ込んでいる巨大思想のように見える。人間はこの巨大思想に似たもの、類縁関係をもつもの、大宇宙に対する小宇宙――換言すれば、神に似せて創られている、神の息子ないし娘、そのようなものかもしれない。このような思想を述べたものに、ジェームズ・ジーンズ著『神秘な宇宙』があります。

本章では次のようなことを申しました。私たちは一番遠い星とも結ばれている、その星の光もエッセンスも私共の中に染み込んでいる――この身体、この精神、全生命の中にもと。オリバー・ロッジ卿はその著書『エーテルと空間』の中で、次のように述べています。すべての物、すべての身体、すべての世界は、宇宙のエーテルで構成されている、すべての生き物は一つの要素をもっており、従って結び付けられていると。肉体である私だけでなく、内的な私、思考し感覚している私、これも純粋にエーテル的な何ものかなのです。この死すべきものである私たちの肉体は、エーテルの変形です。おそらく波動を低めたもの、この点は物質世界は皆そうです。ですから、肉体とは一時期の肉身に付けている外套のようなものです。ただ外套と違っているところは、私共に負担をかけます。たとえば長持ちをさせてくれとか、あっちへ行きたいこっちへ行きたいとか、腹がへったとか休息したいとか、とにかくすぐ疲れますから。寿命がつきますと、私たちはこの外套を脱ぎます。そうして他界へと参ります。そこで生きるのですが、まるで未知の世界というわけでもありません。睡眠中に数しれずそこを訪れていますから。私共はある期間この新世界に滞在します。この世界もまたエーテルで創られていまして、真実であり堅固なことは地上と同じです。ただし、そのようにくすんではいません。もろくはかないものではありません。悩みも苦しみもそんなにありません。

妖精たちもまたエーテル的な生物です。エーテル世界の一部です。その点は私共と同じです。もし私共が肉体の自我で目をふさがれていず、押しつぶされてもいなければ、彼らの姿が見えます。彼らの声が聞こえます。彼らの存在を信じられます。では、どうしたら私たちに妖精が見え始めるのでしょう——どなたか答えられますか。はい、ですが、答えられても、姿が見えるところまでは確信が、貴方がたには必ずしももてますまい。お待ちなさい、一つヒントがあります。

かりに陽射しの明るい日に、森の道を、余りしげしげと両側の藪やら繁みを見つめずに歩いているとしましょう。そうした繁みから、たくさんの見えない生物が、通りすぎる私たちを見つめています――虫、小鳥、小動物たち――みんなびくびくして、ひどく恐がって（これには、仲間がたくさん人間に殺されたという理由があるのです。）もし、私たちがもっとはっきり藪を見て、隠れている生き物を直視するなら、彼らはたちまち消散します。もし私たちがあまりしげしげと見つめなければ、彼らは運を天にまかせています。このことは妖精も同じことです。彼らを直視すれば、妖精は消散します。妖精は私たちの霊視的「複眼」で見れば、そこにいるでしょう。

不幸なことですが、妖精たちは人間の目から見えないところへ、ずっと後退してしまっております。彼らは農作物に化学肥料を使うこと、虫も鳥も殺す薬液をまくことを嫌うのです。彼らは工場農法で動物を飼うことを不愉快に思っています。彼らはこういうことをひどく感じているのです。近代人はこのような方法を採用したことで、自らを自然の異端種と宣言し、自分の本性をねじ曲げています。他方、自然は人間のこの動脈硬化に対して、応えるに、動物と人間の病気、すなわち不具・体質悪化・死をひき起こす一連の病気をもってしています。

時は――一万年それ以上もさかのぼる頃――人間は自然を愛しており、大いなる母として自然に敬意を捧げ、これに仕えていました。ですから当時は、自然霊が人間と協同して働き、農作物の播種・育成・収穫には当然のこととして作用を与えました。当時はすべてが自然だったのです。妖精も天使も人間の日常生活の一部でした。生きものを殺すなどということは起こりませんでした。どんな形式の生命も敬意をうけました。ですから、食物は妖精や天使との協同で成育させられるので、たいへん美味しく、たいへんに滋養があり、従って完全な健康が人間の遺伝となっており、死はそれが訪れても、さしたることではなく、一層光った一層愛の生活への階段と思われたのです。

（注）古い時代のこのような生活の問題は『イギリスの光』の書で取り扱われています（ホワイト・イーグル社刊）

以上は、昔々人間がどのように生きたかということです。それはまた、人間の生活と思想が健全となる時、再びそうなるだろうということです。人間を破壊するものは、現在の人間の略奪知性です。この知性、低い精神、「真実の殺害者」は、全世界が死で満たされていると信ぜよと言っています。真実に触れ得る人はそうでないことを知っていますが、人間智はそうだと言っているのです。むしろ生命こそは天駆ける勝利者です。イエスの死よりの復活は、このことの確認であり実践です。生命は全宇宙を満たしています。生命の本性よりして、絶えず死からの立ち直りがあります。はりつけの刑にすれば死にます、しかし、生命は不滅の過程の中で復活します。されば、生命が最後の勝利者であります。

以上は、先ずこの序章で述べておきたい、わが世界と天空の姿です。われわれ人類は、すべての生きものに敬意を払い、これを愛するよう理解を進めるべきです。このような考えをもてば、私共は遂には、戸を閉ざしている妖精の国の門に近付きます。そうしてその門によりかかり、その門をじっと見つめます。見つめてはいけません、もう決して。ほどなく、その門は歓迎のために開かれましょう。妖精たちは今日では人類を信用していません。たとえば、土の妖精たちは健全な成長を刺戟し促進するのがその本性です。しかし、いま化学肥料が投薬され、虫や鳥たちの生命を奪う殺虫剤が散布されています。これらの作物をいったいどうやって世話すればよいのですか。水の精達は、毒が土地から川へと流れ入り、川から海へと流れて行く、その時どうすれば仕事がやれるのですか。南極では、魚や、魚を食べる鳥たちが、遠方の土地から洗い流された殺虫剤の痕跡を示しています――おそらくイギリスの畑や牧場から流れ出たものでしょう。空気の精たちは、都会や混雑した道路の空を去り、どうしようもなしに高く空の仙境の中を飛んでいなければなりません。空気が油煙や工場排気で汚されているからです。

私共は、現代人が土や空や水の精たちに、どんな事をしたか考えてみました。で、残るところは――火の精ですが、火は、最後の究極の浄化係です。物質の、またおそらくは精神や霊的な誤りの浄化係です。現代は火の周波数が突拍子《とっぴょうし》もなく変化しています。その結果は破壊的です。それは火の精たちが私たちを霊的に精神的に浄化しようとする努力の現れ、そうとはいえないでしょうか。

従って、皆さんにもお分かりでしょう。なぜ私共の妖精の国への門扉の蝶番《ちょうつがい》がガタピシしているか、なぜ妖精たちが尻込みして、姿がまばらであるのか。しかしなお、妖精の数はおびただしいのです。認めることも、歓迎されることも可能なのです。たとえば、人影まばらな共同所有地、そこはまだ汚されていない森林地の中にありますし、あるいは高地などです。すなわちイギリスの低地帯や山の高い処です。そこの藪や草木は未だ汚染されないままだし、完全ではないとしても大変きれいです。そういう処には妖精たちがまだたくさんいます。妖精たちは彼らを愛する人からは、決して隔絶いたしません。彼らは成長する物を愛する人たち、すなわち花や草木の世話をする緑の愛好者たち、そういう人のそばへ近付きます。おそらく、彼らはすでにそういう人たちのそばに来て、見つめ、待っております。おおむね気付かれず見られずにですが。ですから、彼らを認めておやりなさい、気付いておやりなさい、彼らは喜びますよ。妖精たちを無視しつづければ、彼らは引っ込んで行きます。その門は彼らを認める人たちを通すためにいつも開かれています――そういう人たちだけです――何となれば、彼らは彼らなりに、多少の誇りもあれば特殊性もあるからです。

さてこのへんで終わりにします。質朴さと親切心があれば、これ以上は無駄ということです。一層深い質朴さと、一層優しい親切心、そこに道をゆずります。次章以後はホワイト・イーグルが自ら語っております。

I・C

第2章
人間と天使の同胞性

私たちは皆さんに、人間と天使の同胞性について、お話ししたいと思います。これが一大同胞であることはもともとそうなのですが、これを知る人は殆んどいません。「人類同胞」と言えば、すぐ低次元の心で、社会的平等とか、財産の共有、平等な分配と考えます——これは地上的なものの考え方による同胞の概念です。私共がいま語ろうとしている同胞とは、これではありません。

人間は霊的な血縁によって、お互いが兄弟です。始源において、人はすべて生命の火花として、ロゴスから放たれました。すべての人は同じ本質をもっており、すべての人が至高なる親の子供たちです。この意味で、誰一人他の者より偉大でもなく重要でもありません。すでに肉体を脱ぎ、山腹のやや高みに在る指導霊や霊師たちは、生命の決戦場を見下ろします。この時、彼らは戦う兵士達の制服は見ません。ただそれに包まれて中にある魂と霊を見ております。

彼らは魂を見ております。彼らには次のことが分かります。どの魂にも悲しみと弱さが共通してあるということ。さらに、進化の過程で、どの魂も強さと輝きを増し、地上生活の困苦にうち克つようになるということ。

ロゴスからほとばしり出た神性の火花である人間の霊は、さまざまな意識の界を通過して降下をして行き、遂には究極の物質界に到達します。ここで霊は自己の周りに肉体を、すなわち外衣、神殿を創ります。これを私共は魂と呼びます。霊は弧の上に降下するにつれ、経験を獲得しつつ、個性を形成していきます。もっとも鈍重な型式をとるに至った時、霊は完全に自我を現すように見えます。これが、成長の努力の間、何がしかのいわゆる「利己主義」を帯びるに至った人格であります。この利己主義にも目的があるのです。つまりは、終局において魂の成長をもたらすことになるのです。しかしながら、最低の深度にある間は、霊は自我の中に沈みきっていて、動物と同じく、その魂はただただ自己の快楽と力をのみ求めるのです。

しかし、進化の過程の中で、魂は神から注がれる光を吸収しはじめ、再び上昇への道に転じます。これは、潜水艦が海洋の底まで沈むと、海面へ向かって転ずるのと同じことで、魂は唯物主義の深みから、もう一度光明へ向かって方向転換するわけです。世俗性と利己主義、その幾重もの層が投げうたれるのです。それは、魂と霊が神の意図したもうた光ある存在となるよう駆り立てられ、その本性が自己主張を始めると、そうなるのです。

神の子は、ロゴスの懐《ふところ》から旅に出された時、才能を与えられていまして、この才能が永久に埋もれてしまうことはありません。何となれば、この才能の使い方を学ぶことで、魂は光明の諸境を進んで行けるからです――この光明の諸境は、地上人の手が必ずしも届かぬ処ではありません。これについては前にも申しました。肉体にある間にも皆さんはそこに触れられるかもしれないと。これはすべて進歩の問題です。人が十分に目覚めますと、世俗的な心と習慣の幾重の層を捨て、動物的な本能にとらわれなくなると、光明と美の、今まで夢にも思わなかった内的世界に気付くようになるのです。この時、人は大きな渇望で身を焦がします――神に仕えたい、この渇望です。何となれば、その目覚めによって、彼は大いなる神霊の栄光を一目のぞいてしまったからです。

ここで彼は遂に知ります、奉仕することによってのみ、人は神を真に崇敬することができるのであると。それは彼の霊が今やはっきり彼の内部でささやくからです。彼は悟ります、もし神性に達したいと願うなら、彼自身が天使たちの仕事を助けなければならないと。換言すると、すべての人が兄弟であることを認め、彼のそばの友は自分と同じものを求め、自分と同じ道を辿っているのだと知り、彼は同胞性の大義、すなわち進歩の目的に奉仕しなければばならないということです。こうして、彼は光ある方々の群と一つとなって、前へ前へと波うちます。彼はもはや、泳いでいる時、その兄弟を押して沈めようなどと思いません。彼は遂に知っているのです。兄弟たちは霊の紐で自分とつながっているということ、兄弟が沈めば自分も一緒に沈まねばならないということを。これと同じ法ですが、一国も隣国に誤った行動をとれば、自国はその隣国とともに遂に倒れます。

つまりこうです。光明が魂に人類同胞の真実を分からせてくれるということです。この理解の目覚めと共に、一切の利己的な野心と願望が後を絶ちます。そうして、魂は一つの思想、一つの理想を抱きます ―― すべての人が共有する善。そこで皆さんはこう言われるかもしれぬ「ホワイト・イーグルさん、これは個性の吸収消滅じゃありませんか」と。いいえ、これは個我の吸収併呑じゃなくて、個我の拡大です。人間がいったん自己を与えますと、すべてのためにすべてを捧げると、彼は失うことなく、全世界を得ます。何となれば、彼は宇宙意識の中に拡大し、キリスト意識にまでも到達するのですから。すなわち、彼は神と一つ、万物と一体となるのです。

ひとたび人が顔を光明の諸境（これは外部に在ると共に、内部にも在る）へ向けると、その人は「見者」ないし「霊覚者」になり始めます。低次の鈍感な心から解放されて、見るものの聞くものが生々としたものとなります。彼は未知の境域に踏み入り、感度が鋭くなった自分の受信器に、物質の器械では触れ得ない音や光の波を拾い上げるのです。敏感者となった彼は、これらの音波や光波を感受して、新しい世界を知覚する者となるのです。彼の魂はさなぎから蝶のようになったのです。だが、このような素晴らしい黎明は、人が死んで肉体を脱げばそうなると思ってはいけません。このような栄光は霊性の問題です。貴方もキリスト光（神性の光）に十分に同調すれば、今まで見えなかった世界が見え、感受できるようになるのです。

たとえば、そうなれば自然の王国の内的生命が分かるようになります。これは人間の進化系統と平行した生命の流れでして、人間の系統と協同して働く生命の王国です。そうなれば、いわゆる妖精が見えます。妖精は子供の絵本の中にいるだけではありません、実在です。進化計画の中に固有の目的をもつものです。妖精たちは、草花や樹木を育てるための生命力を運んで、忙しく立ち働いています。もし貴方の目が開かれれば、楽しげにとびはね、波立ち、流れ、落下する水の中に、妖精の姿が見えるでしょう。これは光った水の精たちです。また、羽をつけた空気の精たち、シルフの姿も見えましょう。火の中にはサラマンダー、火の精たちが見えます。

すべての生命現象には、その内部に霊が存在します。皆さん、欲ばってはいけません――地上世界に、人間が唯一つの霊的存在で、他のものはみんな空っぽの殻？　そんなことはありません。皆さんが人間は肉体に包まれた霊だと信じておられるのなら、自然の王国もまた、目に見えない生命で充ち満ちていると考えねばなりません。

これら自然霊の中には、ついには天使界へ進化して、人類と進化の平行線を辿るものたちがいます。人類が最後には神々となるように、自然霊のあるものたちは、土の精とか妖精とか霊から、天使の形式に進化いたします。天使の形式をとると、彼等は人類の生活に大きな役割を演じます。皆さんは、人間の霊と天使の霊を、よく混同します。間違いなさるな！天使は人類の進化路線とは別の進化路線を辿るものです。ただ、この路線は人類の路線と平行していて、しかも天使たちは密接に人間とつながっており、地上での人間の仕事や生活に助力を与えるものです。人間は常に天使たちと一緒に地上を歩いております。人類は、人類の方で知ると知らないとにかかわらず、絶えず神のような天使の守護の下に生きています。

皆さんのうち誰《だれ》一人、ひとりっきりで人生を歩いている者はいない、これを知れば元気も出ましょう。気も楽になりましょう。というのは、誕生から死の時まで、皆さんは貴方を守るよう任命を受けた一人の天使によって守られています。さて、守護天使は守護霊ではありません。守護霊はもともと人間です。守護天使は天使です。守護天使を法の守護者とか、全人生を支配するカルマの法の管理人とか、私たちは呼びませんか？　聖書には記録係の天使のことが書いてありませんか？　時代が進むと共に皆さんはこういうものを荒唐無稽《こうとうむけい》として捨て去ってしまいました。私共を信頼なされ、皆さん、記録係の天使は実在しています。それは古い教説が言う、そのままの意味ではないけれど。法の守護天使は見張っています、記録します、そしてカルマの法、つまり因果の法の遂行を指導しています。

天使には羽があるというのは、事実とははなはだ違っています。人間は肉体があるために半ばは暗い状態の中で生きています。従って天使のもつ輝きがほとんど見えないのです。天使たちのある者は、その頭の冠から得もいえぬ光輝を放っており、その姿は、光の羽の形に見える光輝がとり囲んでいます。天界のいわゆるキリスト圏からの特殊の使命を帯びて、人間のところへ来る偉大な天使たちは、みんな右に述べたような光輝につつまれています。私共は皆さんに次のように申しておきます。天界から来る天使たちは、地上の暗いベールの背後から、人間の魂を助けに来るのであると。

使徒ペテロが捕われた時、神は一人の天使を彼を助けるために遣わされ、彼をつないでいた鎖は断ち切られました。天使はペテロに触れ「私に従え」と言うと、ペテロは直ぐにこれに従いました。皆さんもまた、神のお使いには、油断なく直ちに従わねばなりません。すなわち真理の声には素直であらねばなりません。ペテロのように、そのとき貴方は地上の鎖から解かれ、自由の天地へと入るのです。

私共が語っている天使たちとは、これまで一度も人間の肉体をもったことがありません。従って、人間の方で感情の統制ができるまでは、天使は人間に近付くことができません。しかし、感情や情緒が静かに統制がとれるようになり、内在のキリスト（内在の神性）が支配するようになると、守護の天使たちがピタリと近付けるようになり、守り、導き、人生を光あるものとしてくれます。ああ、貴方がたに、（いつの日か目が開かれたとき）人間が天使たちから受け取る、かの美と助力について分からせてあげられたら！　天使たちは、人間の進歩を助けること、人間が同胞に奉仕する、その助力をすること、それが彼等の目的なのです！

さて皆さん、神の恵みを、また神が皆さんに、宇宙の栄光を理解する力を、お与えなさいますように。どうか皆さん、日々の義務の道をしっかりとお歩きなされ、それが天使等の友情と愛を確実にするもの、それが天使たちの協力と指導を確保する道。されば、皆さんが、土の囚われの恐怖から放たれた魂を訪れる、かの永遠の平和を見出すものとなり得ますよう。

第3章
天使聖団体の仕事

皆さん方の多くは、人類に奉仕するために、人類にまじって活動している霊の友とか師とか、これら霊たちの愛と指導については気付いておいでになる。しかし、地上界の生命とかかわっている天使たちの、偉大さとか範囲については、ほとんどご存じない。天人とか天使とかといっても、漠然としか耳にしておられないし、それは実在するのだろうかとか、その仕事は何だろうかと疑問に思っておいでになる。また、皆さんにハイアラーキー、即ち人類の生命と霊的進化の計画を指導している聖団体、この存在については耳にしたことがおありのようだ。そこで今夜は、皆さんの求めに応じて、皆さんが進化計画に一層の理解が得られるよう、この二つの強力な方々の話を極力してみましょう。

先ず最初に、次のことを心にとめていただきたい。一方には大聖団体の長老方や大師たちがおられて、人類の霊的意識の成長にかかわっているということです。もう一方には、天使聖団体があって、これは進化と表現形式の形成にたずさわっているということです。

そこで次のことがお分かりでしょう。天使たちは生命の各王国の、媒体すなわち表現形式の形成にかかわっている。他方、大師たちや長老方は、この表現形式の内部にある神性意識の成長を担当しておられる。創造計画には、この両者の密接な協同と織りまじりが必要なのです。人類から天使を切り離すことは不可能です。その限りにおいて、次のようなことも言えます。人間の魂が物質の枠や生活から超脱する域にまで進歩すると、場合によっては、天使の進化路線に入って天使の仕事をすることもあり得るということ。同じく、時折天使たちが、人類族と密着連合の関係に入ることもある、ということです。

皆さんの中には、古代人がもった信仰、つまり、一人の天使と一人の人間との婚姻も可能ではないかと、そう思い付く人もありましょう。『アーサー王物語』では、マーリンはそのような婚姻の子供だったと、言ってはいませんか。（訳者注・マーリンは魔法使いの老人）これは私共が言う意味、すなわち、特殊な目的のためには不死の天使達が人間と交わることがあり得る、その例証です。しかしながら、こういうことは特別の高い使命がある天使たちにのみ限られます。

この世界は、地球の彼方にある光と美の世界に比べると、たいへん暗いものです。誰しも無限の計画のもつ崇高と美を、心に画くことはできません。されば皆さんは、地球の創造や進化と密接に関連しつつ、他の天体で進化している生命について、何も分かっていません。これら霊的な惑星から、これを「神聖惑星」と呼ぶ人もいますが、そこから、地球の生命形式の形成を助けるために、天使たちがやって来ます。

この地球の初期の時代に、金星から天使たちがやって来ました、そうして、地球の生命形式の創造に助力しました。時を経て、人類たちも地球へやって来ました。ただし、これは他の天体で進化を遂げてある段階にまで達しており、その当時地球に生まれつつある魂よりずっと進歩した人間たちでした。これら進歩した魂が、地球の若い魂たちの手助けをしたわけです。このように、地上生命の創造にたずさわる、二つのタイプの者たちが地球へ来たのです。一つは天使たち、すなわち偉大な惑星の存在、むしろ神々と称すべきか。他は進歩した人間たち――神人、これらであります。

これまで何度も「三者」に言及してきました。三者とは初源から在られた方々で、この太陽系と地球惑星の進化とにかかわっておられます。また、智・愛・力の三つの面に最も通じておられる存在です。この存在から一切の生命――三つの最初の生命の大光線、が出ます。この三大光線の一つの上に、あの天使たちの仕事である、各王国の生命の表現形式の仕事があるのです。

動物王国と同様に鉱物王国にも、生命として、脈動が、成長さえもが存在しています。エレメンタル（訳者注、地・水・火・風など自然界の四大元素の霊）と呼ばれるものがいまして、天使の指揮下で鉱物の中で働いており、それぞれ自分の特性に従って、無機質や石の進化成長を助けています。彼らは目に見えない世界で、生命力を運ぶ道具であります。鉱物王国では、生命と成長の最も精妙稀薄なものが、このような小さな生命形態によって運ばれているのです。

植物王国でも同じことです。草花を育てることが好きな皆さんが、惑星の影響が草花の成長に及ぶことを知ったら、自然霊や妖精の働きを助長することになりましょう。彼らは、地球の表現形式の成長進化にたずさわる天使たちの、直接の管理下にあります。成育するものには、惑星の影響があることを、もし農民や園芸家が知り始めたら、大きな進歩が起こるでしょう。農民や園芸家は、天使と妖精の王国に自己を同調させることが可能です。彼らと協同して、最高の素晴らしい成果を生み出すことも可能です。

私共は、偉大な方々、地上生命の世話をなされている長老方の英知を強調しておきたいと思います。いま皆さんの目には世界は混沌として映っています。皆さんはこう気付いておられる、人類の生命は嵐に揺すられる木の葉のようなもの、最後はどうなるのだろうと。しかし、人間生活の各部門の背後、政治家や政府の背後には、その民族の進歩のために働く偉大な方々がおられます。また、破局のように目に映る場合にも、肝に銘じておいていただきたいのは、そこにさえも大師が働いておいでになるということ、庭師のように刈り込み刀を手にお持ちになって――。また、皆さんは気の毒に思っておられるだろうが、しかと肝にとめていただきたいのは、かの苦しむすべての人々に対して、大師がたも天使たちも想像を絶する深甚な愛と同情を寄せておいでになるということです。ですから、心を安んじていただきたい、目に見える状況の背後には、常に、その種族の完全のために働いている天界の組織があることを、心にとめていただきたい。

天使の仕事の一つに、純粋に物事の魂にかかわったものがあります、つまり、人間の魂の属性であり、宇宙の魂の属性であるものです。愛のような神聖な属性は、愛の天使が供給します。聖なる真理は真理の天使が、聖なる慈悲は慈悲の天使が、それぞれ供給します。これら天使たちは実際に魂の属性から生まれているのです。なお、このような天使たちも人間の姿をしています、少なくとも人間の顔をもっています。この中に偉大な真理があります。神は人間をその姿に似せて創られました。人類は、神が地上に示すことのできる、理想の表現形式と思われます。また、キリストは人間の最も完全な表現です、神を人間の形をとって表現したものとしては、そのように思われます。自然の王国にしろ天使界にしろ、どの形態も、またある段階の惑星的存在さえも、この同じ形姿をとっております。

ああ、皆さん！ これにどんな深い意味があるか、人類がそれに気付きさえすれば――男と女、それは父なる神、母なる神の似姿として創られているのです！ 皆さんには、この人間の内在の神性の意味が認められないのでしょうか？ もし皆さんが人類の堕落に眉をひそめられる時、これを思い出して下さい、咎めなさるな、むしろ兄弟たちの姉妹たちの、神の姿を拝みなされ。

古代世界の石の彫刻に見られる、古い記号の一つに、丸の中の十の字の印があります。これは、与えようと手を伸ばしている、宇宙の中の人間の象徴です。つまり、キリスト人間、完全となった人間、宇宙的な愛の輪の中にあって、完全な放棄と献身の姿勢を示している人間の象徴です。そうしてまた、その心臓には、愛のバラが開いているのです。しかし、十字の背後には、四つの区画があります。それは四要素の四人の神々ないし天使たちを表すものです。

これは、地球の進化計画の主座にある天使聖団体の四人の方々、即ち四人の偉大なカルマの主たちです。

この偉大なカルマの主たちの下に、他の諸集団があります。これは進化の尺度によって下位にあります。それらは世界のカルマ、国民のカルマ、集団のカルマ、個人のカルマらの主たちであります。偉大な方々は地球の地殻の世話をなさっており、またその意志と英知と力をもって支配しておられます。科学者たちは一切は自然法則の支配下にあると考えるかもしれません。それは事実そのとおりです。しかし、すべての真理ではありません。自然の法則の背後には、ある英知が働いています。生起する出来事や災害の背後に、一つの英知があるのです。これらの出来事は「カルマの主」――刈り込み刀をもった庭園師、の英知と意志によって起こるのです。そしてそれは長い目で見た時、人類の魂の成長と進化のための広大な計画の一部なのです。

これに関連して説明しますと、病気治療の際そこに居る天使たちは、単にその生命のこと、すなわち治病という特殊のことだけに関与しているのではありません。天使たちは病者に完全な愛と同情とをもっています。しかし、一つ一つの個人的な奉仕のかげには、もっと偉大でもっと広大な建設の計画が常に存在しているのです。天使たちが身体の浄化と回復を助けている時、それ以上のたくさんのことをしているのです。天使たちは創造します、即ち、患者の諸媒体と肉体の中に、光の力と霊力を織り込んでいるのです、それは徐々にですが確実に、次の人種の人間形態を創造しその準備をすることになるのです。

地上における人間生命の発展と進化の計画が、どんなに美しいものか、お分かりですか。決して思い違いをしてはいけません、人類が唯一の生命路線だと、また、一番素敵なものだと。だが、同時にこう思って下さい、来たるべき時代、それは想像の及ばない未来ですが、皆さん、平凡なブラウン氏もスミス夫人も、神人になっているかもしれません。別の天体で、天使たちと一緒になって、もっと完璧な生命を築こうと活躍しながらです。何という遠大な無限の進歩の展望が、皆さんの前途にあるのでしょう！　ですから、私共は言うのです、決して貴方の魂を高め活《かつ》を入れるチャンスを、逃がしてはいけません。それが夢想だにしない未来を、貴方が天使らと共に、手にすることになるのですから。

第4章
光の天使と闇の天使

生命には二つの面があります、これを善と呼び悪と呼びます。一方では、善である多数の者たちが、主であり師であるキリストの指示下で働いています。他方では、悪と呼ばれる群、闇の天使たちが、その仕事は光の天使たちとは違ってはいるが、宇宙の法すなわち神法の枠内で立ち働いています。皆さんがもし神を無限なる力の父として認めなさるなら、皆さんには次のことを認めていただかねばならない。すなわち、悪と呼ばれるもの（ないしは、闇と破壊の天使たちの枠内にあるもの）、これは無限なる父の御手の中に、その管理下にあるということです。さもなければ、絶対の混沌がありましょう。さもなければ、神の愛に、皆さんは何の信も、何の確信も、何の信頼も置くことはできません。この神の愛を、神秘学派が人類に説き続けてきまして、それがひるがえって、あらゆる時代の宗教を養ってきました。常に変わらず師の真正の弟子には、無限の愛が啓示されてきました、この愛こそ、混沌から善を導き、善を守り、善を吹き込み、善をもたらしてくれたのです。

しかし、きっと皆さんはこう言われるでしょう、もし光の天使と闇の天使の二つがあって、絶えず働いていたら、闘争は決して終わらないのではないかと。それは全く、光と闇の人間の概念の問題です。私共の傾向として、皆さんは、闇を光に敵対する何かだと、強く考えずぎるのじゃありませんか。私共が霊的に向上しまして世俗を超脱しますと、驚くことなのですが、闇と光は実際は一つなのです。闘争はなく、上の方では調和があるのです。というのは、光と闇は一方は他方の反映なのです。生命とは闇がなければ成り立ちません。闇は進歩に必要です。否定面があって初めて積極面があるのです。その役割をするのです。

しかしながら、皆さんはまだこれでは承知なさらぬでしょう。こう言いますね「しかし、実際に闇の天使も闇の力も、あるのじゃありませんか。神は創造者であり、また破壊者なのですか」と。そうです、ある意味でそのとおりです。闇の神とは、ヒンドゥーのシヴァ神に該当します――破壊の神です。しかし、破壊的要素とは、実際は、建設的なものです。つまり、望ましからぬ成長を一掃する破壊者は、現実に、再建、再創造の道を準備しているのです。このようなわけで、闇の天使は偉大な進化計画の中に、その席があるのです。

私共は、皆さんの注意を、釣り合いの重要性に向けたいと思います。光と闇、積極と消極、この両面は釣り合いと平均をとるために働いているのです。この釣り合いは、生命の基本的な法則なのです。究極は、大宇宙内部で、同じく小宇宙内部で、絶対的で完全なバランスを得るにあります。このように、善悪生命の両面は、高い意識の立場からすれば、完全な生命を生み出すために協同している二つの力なのです。同じく、これによって個人の生活の面でも、物事を統御する力が生み出されるのです。すべての人はいつの日か、この積極と消極の力を結び付けて、これを完璧に混ぜ合わせる方法を会得するでしょう。その時それによって、黄金の日々が訪れるのです。

私共は次の事を、心にしかとはっきり留めておかねばなりません。すなわち、光の天使は、光明の主であり師である子なるキリスト、その統轄下で働いている。他方闇の天使は、法の内部で神の命の下に働いている。この事です。しかし、闇の天使の仕事は光の天使の仕事の補足であります。この二つの力が人類の上に働いています、進歩を生む明確な目的をもってです。即ち、人間を彼自身の内在の神、その意識に到達させるためにです。何故そうかと申しますと、初めに、人間の霊、すなわち神聖なる生命の一粒の火花が、神から息吹き出しまして、たくさんの生命の階段をくだって行きました。そうしてとうとうその身は物質に包まれました。それは物質を統御せんがためにです。そうです、それによって意識のない神の火花が、神の意識をもつ者となることができるためにです。皆さんはその見本をおもちです、神性意識を完璧にした人間、イエス・キリストこれです。

人間が地上経験の旅に送り出されるに先立って、進歩した方々が、人類を地上に定着させる仕事をするために、地球を訪れました。善悪二つの原理と力である、光の天使と闇の天使もまた、この仕事を助けていました。ここで次のように呼び名をかえてみましょう。「光に仕える天使と闇に仕える天使」です。光(善)の天使は建設の力を代表します。影(悪)の天使は必要な破壊の力を代表します――必要、と言うのは、個人にしろ国家にしろ、必要以上に成長し過ぎた生活や思想の面を、刈り取る仕事を影の天使たちが絶えず行っているからです。ですから、光と影の天使たちを、絶えず戦いつづける敵同士と考えないでいただきたい。むしろ、一方は他方を補足するもの、と考えていただきたい。また、これら天使達の力を過少評価しないでいただきたい。と申すのは、この天使生活の二つの面は、絶えず休みなく働き続けるからです。時代から時代へ、地球人類の周期から周期へと。すなわち、人間の成長を助け、人間に無益なものを破壊するためにであります。

そこで、皆さんの心には次の疑問が起こりましょう。この闇の天使たちは、まだ十分に至高なる光とか力とか英知とかを知らないために、光の天使たちを征服し、その結果として、人類の滅亡を引き起こさせるのではないかと。私共の答えはノーです。闇の天使たちが行けるのはそこまでです、その先は行けません。何故かというと、その時、闇の天使たちは宇宙の法で捕えられます。宇宙の法は彼等の力を無力にします。神は宇宙がご自分の手からすべり落ちることを許されません。何一つ神のご意志の外で起こることはできません。

地上の人間の前には二つの道があります。どちらを選ぶかは本人が選択するのです。一方には、宇宙の法に調和して生きられる道があります。天界の神秘が見える域に達した者は、必ずや宇宙の法、すなわち愛の法に調和して生きます。他方では、無明の状況にある者は、無意識とはいえ、宇宙の法に背いて生きます。その結果は、再生しても再生しても、苦難との縁が切れません。しかし、ひとたび人が神法と調和して生きることを知り、身を確信をもって神に投げかけるや否や――その時に人は幸福に到達します。光の天使は彼と共に働き、彼は光の天使と共に働きます。こうして、人と光の天使は協同して、残余の人々の神性意識の開眼に助力することが可能となります。

さて、目に見えないものの存在とともに、黒と白、プラスとマイナス、これが人間の内部にはあることを、心にとめていただきたい。心得てもらわねばならぬのは、人間の心の内部には秤があるということです。とりわけ大事なことは、プラスとマイナス、このバランスが保たれねばならぬということです。否定的な思考は、甚だしく秤を闇の方へと押し下げます。積極的な善の思考がバランスの維持には必要です。それで地上世界ではバランスがとれるのですから。人間の進化を助けるために、人間に近付く目に見えない存在たちの、近付けるかどうかの基調は人間の方にあります。平衡、これは法です。

光の剣を手に持って、燦然《さんぜん》と太陽の栄光の中に立つ、天使長ミカエルの姿を思って下さい。「太陽の栄光」となぜ私たちは言うのでしょう。そのわけは、天使長ミカエルは太陽霊の中の一方《ひとかた》です。即ち太陽から、つまり宇宙キリスト世界から来た使徒です。従って、彼の保持する剣は霊的な剣です。キリストが実際にその従者たちの手に握らせる剣です。これは霊の真理の剣です。すなわち人間各人の胸の中に住む神の子の真理の剣です。これは人間を、その人生の一つ一つの危機から守る武器、すなわち敵と障害を克服し払い除《の》けるための武器であります。天使長ミカエルは、光の群、その軍勢を導くお方であります。

いまアクエリアス（水瓶座）の新時代、つまり人類同胞の新しい時代への出発点です。そこには進歩と共に破壊の広大な潜勢力があります。この時にあたり、光の力を理解するすべての人が、光の天使を呼ぶこと、天使長ミカエルとすべての天使らに忠誠を誓うこと、その必要があります。それによって白光が平衡を維持し、地上にその開花が待たれている黄金時代が、人類の上に花開くのであります。

第5章
天使たちは身近にいる

皆さん、今日は愛よりももっといいものをおとどけしましょう。英知と力です、いや、皆さんのまわりには、人類に仕えておいでの目に見えない光の主たちがおいでになる、その存在についてお知らせしましょう。皆さんがどんなに自分をつまらぬ者と思われようと、皆さんはキリスト光が外に現れるための通路となれるのです。この事を覚えておいていただきたい。おそらく、皆さんが今ここにこうしておいでなのは、そのお役に立つためでしょう。皆さんが真理と思うものを堅持し、そのために尽くすことです。その真理とは、大白色キリスト光は、一切の人間の肉体も魂も、その矛盾不調和の治癒者であるということです。この光は肉体を癒すことができます。しかしそれ以上です。いわゆる悪がもたらす一切の難儀や問題の、大いなる解消者です。悪は破壊者ですが、光は建設者、構築者であります。そうして皆さん、私共の言葉に耳を傾け読んで下さる皆さん方は、目に見えぬ主たちに招かれて、それとかかわる者たち、奉仕者です。

「どうやれば奉仕できますか」、こう皆さんは尋ねておられる。神から来るこの光の流れに気付くように自らを鍛えることです。その光は心霊中枢すなわちチャクラを通って皆さんの中に流れ入っています。次第次第にもっと、この生命と光の流れを知るようになることです。

これは皆さんの全身を還流しながら、肉体と魂に活力と光を与え、更に、皆さんの高級我《が》の統御を受けて、皆さんから上昇して世界をかけめぐり、心・身・魂の病者を癒すこともします。

天使と偉大な方々が、人間に天界の力を自覚させるために、人間に働きかけておいでになる、このことを分かっていただきたい。古代人たちはこのことを知っていました。即ち、古代人は魂に目覚める光によって、光の国土のこと、及び肉体と魂に影響を及ぼす精妙な活動のことを、気付いていました。古代人は偉大なる第一原因 ― 太陽 ― に、自身を同調させる方法を教えられていました。つまり、どうしたら太陽とその光に調和できるか、また、どうしたらいかなる害意ももたない心の姿勢が得られるか。こうして、教えを受けた者は光の通路となりました。その者はチャクラに活力を与えている光を吸収します、光はこれらチャクラからかの七つの媒体に入り、これを光輝あらしめました。

この神秘の数字「七」は、人間の神殿である媒体の基本であるだけでなく、全宇宙の基本にもなっています。生命の七つの光線がありまして、あらゆる生命はその中にあって生命を得ているのです。各光線の頂点には、偉大な英知の大師方の中のお一人ずつがおられます。その背後には、神の玉座をとり囲んで大天使ならびに天使たちがひかえておられます。各々の光線からは、さらに七つの光線が放たれており、さらにはまた、それぞれから七光線が放たれております。従って、物質生命の背後ならびに内部には、人間系統及び自然霊・天使系統の無数の主たちがおられるわけです。進化する生命は、これら無数の主たちに支えられ養われて、その存在を得ているわけです。

皆さんが夜空を見上げて、無数の星を見つめる時、皆さんは全宇宙を見ていると思われる。しかし、宇宙内部の見えない生命は、何一つ見ていないのです。肉眼には、脳髄ではとらえられない、見えない宇宙の無限の空間を見ることはできません。しかし、人が心の宮の内にある静寂にひたれるようになれば、この無辺の目に見えぬ宇宙が理解でき、知覚するようになるのです。

もし、皆さんがこの内的静寂の境地で庭園を歩けば、異なった生きものの存在に気付きましょう。それは人間ではなし、動物でもなし、また植物でもない生きものです。静かに、静寂の皆さんの神殿に入りなさい。ほんの一瞬でもそうなれば、たくさんの小さな自然霊たち、すなわち花の妖精、地の精たちが見えます。石ころの中にも、幽的生命が住んでいます。普通の状態で皆さんが見ているのは、花の外形なのです。思考を停止すれば、いろんな不思議を思いますよ、花はどうやって咲くんだろう、あの香りは何から生まれるのか。花の黄色、あれはピンク、葉は緑、あれは何？　どんな力が隠れているんだろう。

すべての自然の背後には、七つの光線の一つに属する天使の指揮統率の下に働いている、大小いろいろの幽的生命があるのです。これらは自分の群の天使の下で、自動的な活動をしています――あるていど選択の幅はありはしますが、絶えず花の形と色を美しくしようと、生命力を運び続けています。

これと全く同様な過程が、生命のどの分野でもとられています。皆さんの肉体は、心理学者の言う本能心、私共の言う自動心、その支配下にあります。睡眠と目覚めは順次おこりますが、これは本能心の統御下にあり、本能心は大天使の統御下にあるのです。天使たちが皆さんの受胎の瞬間から死の時まで、ずっと付き添っています。死と共に銀の紐は切断され、束の間の肉体を残し、皆さんは天界へと生気を回復しに戻って行くのです。

生気を回復しますと、また、活動の場へと皆さんが戻っていくべき時が満ちますと、皆さんは地上に戻って行き肉体を身に付け、さらに何かの仕事を、霊性進化のための労働を、再び始めます。どのようにしてその労働をいとなむか、これは皆さんの選択です。しかしながら、次の考え方だけはもって常に生きていねばなりません。「私は生命に仕えるために地上にきた、人類進化の大計画に仕えるためにきたのだ」、これです。皆さんは生きており、動いており、霊的宇宙の中にあり、そうして、そこで演ずる自分の役割をもっているのです。

私共は、皆さんが天使たちの事をもっと知るように努力しています。ある天使たちは、神が皆さんに与えている力をもっと知るようにと、また、神ご自身の力を認識するようにと、皆さんを助けています。他の天使たちは、皆さんが放射する思想や願いを取り上げ、建設的に作用を与えています。

次のことを皆さんに知っていただきたい、皆さんの思想は、磁的誘引力によって、プラスまたはマイナスの他の思想の流れへ引き寄せられるのです。プラスの思想は――向上心とか建設的な思想のことです――引力の法によって、善なる、神の白光である、偉大な思想の流れに結合します。不親切や残忍などマイナスの思想は、まわりまわって闇の大きな流れをふくらませます。ああ、どんなに多くの無意識の残忍があることか！　その逆に、どんな形のものでも、皆さんの心遣いや親切は、人類の生存を支えている、偉大な白光の流れに貢献していいます。人はその思想でこの流れに貢献できます。そうして、人が抑圧するものすべては、人類から生命を奪い取ります――もしお好みなら、空気をと言っておきましょう。

何という責任が、この真理を知る人達にはあることでしょう。このことを思い、決然として、生命の大海に向かって愛を、光を与える決意をなされよ。只今ここで、次のことを決断なされよ、自分は必ずや正しい思想、正しい情緒、正しい感情を、生命と同胞に向かって放つのであると。

大白色霊団は、七つの光線、七つの色、七つの音、七つの大生命流から成り立っております。これらは地上とその上方の諸界にあまねく行きわたり浸透しつつ、地球の周りの七つの惑星にまで達しそれと連結しています。皆さんの身体の内部にはこれら七光線に応じた波動が存在します。つまり、皆さんの内部には全宇宙があるのです。いつか遠い日に、皆さんは光の中心となりましょう、神ご自身にさえも。現在の皆さんは極小の粒です。想像を超えたある日、皆さんは宇宙そのものであります。

生命とは壮大にして豊かではありませんか。努力はし甲斐のあるものではありませんか。されば、神の授けたもうた皆さんの力を使いなされ。決して一人ぼっちと考えなさるな、一人よがりで生きられるとは考えなさるな。皆さんを取り巻いている者たちはみな偉大です。人間王国のみならず、天使王国の方々も。

静寂の中にあって、これら天使の存在に気付こうと心を燃やしなされ。その愛の音楽を耳にしようと努めなされ、その衣装の栄光を見ようと努力しなされ。皆さんの想像力によって、皆さん個人の守護天使の輝く姿が皆さんの目にどうか見えるように。皆さんの地上の全生涯を通じて助けるよう、神から遣わされているその使徒の御姿が。皆さん一人ひとりには、人間の守護霊がついているだけではありません。天界から来て、至妙の世界から来て、皆さんを守っている天使がついておられます。数えきれぬほど度々、守護天使は貴方のそばにきています。しかし、魂にそれが分かるのは、静寂の瞬間だけです。皆さんは世俗の事や自分の事にかまけすぎているので、守護天使の刺戟には無とんじゃくなのです。

勿論、人間には自由意志が与えられています。善に、すなわち霊的な刺戟の方に、人間が反応する時は、いつも守護天使の助力を受けます。上方へ向かおうとする、高級な感化に反応しようとする、皆さんの努力は決して無駄になることはありません。しかし次の事は記憶していただきたい。魂が天界の感化に応じて、それによって道を進んで行く段階では、魂は人間的な問題や人間関係の困難にぶっつかるものだということを。人はこの人間関係に対して、高級な霊的刺戟、または低級我の本能、そのどちらででも好きな方をとって反応できます。もし、本人が高級な霊的刺戟の方に反応すれば、天界からの清浄な光の助けによって、本人は親切、寛容、辛抱、誠実となります――これぞ、魂がやがて神の完全な息子となるために必要なすべての要素であります。しかし、このことは本人の決断、彼の自由意志によってなされねばなりません。

私共は、救いには次の両面があることを、皆さんが心得られるよう求めます。すなわち、天使の指導と天使の助力、もう一つは、人間の側の自らに対する指導助力です。人間が救われるもこれを拒絶するも、本人いかんにかかっているのですから、人間は自分に対する主役です。守護天使は、「魂が救いを求めるならば」これを導きこれに力を与えて、その魂の救助者となります。

人間生活で最も大事なことは、天使たちがそばに居てくれることです。人間誕生の時は、守護天使が必ずそばにいます。それだけでなく聖母の感化力がそこにきています。守護天使は絶え間なくその魂の受肉を見守っており、聖母の愛はその肉体誕生の過程を助けているのであります。どんなに小さな生きものの誕生も、天界の目に見えぬ力の表出であって、されば天使たちがそこに居るのであります。

美しい音楽に耳を傾ける時、皆さんはおそらく、そこに創造されているものに気付かれるでしょう。皆さんはハーモニーを愛する。すなわち音楽をリズムを心で楽しむ。だが、音楽はそれ以上の何かなのです。つまり、貴方の全存在に影響を及ぼすものです。ほとんどの人が音楽の与える魂への影響をご存知ない。音楽は聴者に、その人の進化とかかわるいとなみをしてくれる音楽天使を引き寄せるのです。

世界くまなく、七つの音がそれに相応する色の光線と結び付いて振動しております。そのいずれもが音楽大天使に連結しています。しばらくの間、皆さんを思想の中の音楽の境へと連れて行きましょうか。目を閉じなさい、完ぺきなハーモニーの境へ舞い上がったと想像しなさい、偉大な天使オーケストラの演ずる聖楽に耳を傾けていると思いなさい。天使らの姿にまじって、至妙な天の色彩が現れているのが見えますか。波動しつつ生命そのものを創造しているその色が見えますか。

音楽天使は、それを呼ぶ人たちのところへ近付きます。皆さんに天使らを呼ぶ方法が分かれば、天使らは皆さんに創造力を吹き込みます。貴方の魂の音楽をたちどころに表現してくれる創造力を。これは文学の場合も、絵画の場合も、ほかの創造的芸術の場合もみな同じです。

天使たちはまた、祭式が行われる時も近付きます。ここで祭式と申しているのは、清浄で聖なる祭式の場合です。祭礼天使は偉大な祭儀に際して、近付いて勢力の構築に助力します。天使らは高度精妙のエーテルを使い、これに形を与え、人間に生命の創造界からの美を供給するのです。皆さんの中には、実際に列席者の魂へ力を分配している祭礼天使の姿を見た方もありましょう。たとえば、教会での祭儀にあたり、一人か何人かの天使が出席していて、会衆にはわからないが、力を集め、統御し、神法に従いこれを使用しております。

婚礼の場合、そこに霊的な雰囲気があり、正しい霊的な祭式が挙行される場合、（勿論、形の上でも魂の上でもそうである場合）、天使たちは近付きます。

さて、そのほかに治病天使たちもいます。どの治療室にも、一人の治病天使がいます。もしこの天使たちに聖化され祝福されている聖所に入って、皆さんが開かれた内的な目で見てみれば、ゆったりと腕を組んで、その聖所を見守って立っている、一人の天使の姿が目に映るでしょう。治病天使たちは治癒力を運んで分配します。天使たちには、人間では分からない、また使えない、内的知識というものがあるからなのです。見えない世界で皆さんが接触するのは、死んだ人霊だけだと、そう思い込まないでいただきたい。皆さんが治療に当たる場合は、天使たちが色と光のある宇宙光線を引き出し、病人に当てます。この目に見えぬ治癒力をもった光線の引き出し、統御、放射は、まことに素晴らしく興味のあるものです。治病家は自分の手から放射する光線の力を感じます ―― 何かしらを感じるのですが、何であるかは本人には分からず、自分は指導霊に使われているのだと本人は考えます。左様、そうであるかもしれません。しかし、もし本人の視力が開かれれば、そこに治病天使がいて、天使から治病光線が出ているのが見えるでしょう。

治病天使たちはキリスト光線の下で、即ちイエス大師の下で活動しています。天使らは同情心に溢《あふ》れており、見るからに光り輝いています。ある天使たちは特殊な一色の衣装をまとっており、他の天使らは多彩な色の衣装を着けています。しばしば一グループがみんな一色光線の衣装を着ていることがあります。それが純潔な白色ということがあり、天使たちには得もいえぬ芳香と調和がただよっています。

偉大なる光線が、天使たちの姿を溢れさせつつ、降り注ぐさまを想像してごらんなさい

――黄金の光線、バラ色の光線、柔らかいアメジスト色の光線、清浄な黄色の光線、ありとあらゆる純潔な色彩の光線たち。その光線の中に無数の姿があるのをよく見られよ。人間の容姿をとられた天使たち、人間の魂と肉体のため、治病と慰めをもたらす宇宙光線をもって働いておいでの天使たち。

遠隔治療の場合、病人の名前が呼ばれると、その時に接触が行われます。人間は空間ということを考えるが、魂の世界に空間は存在しません。ひとたび病人との接触が成り立つと、病人はそこに居るわけです。天使らは正確に具合いの悪い箇所を見分けます。列席者たちもまた力を供出します。何が起こるのか？　天使たちは必要な色を列席者たちから少しずつ引き出し、まぜて、多からず少なからず病人に耐えられる正確な光線を、病人に当てます。天使たちは、皆さんが精神や心から出せる治病素を、巧みにあやつって使用するのです。

この治病の仕事は非常に重要な意義をもっています。というのは、治病とは天使らとの共同作業であって、その通路となり、天使らに必要な思想の波動を提供するわけですから。これによって、皆さんは病人を助けるだけでなく、人類の全体的進化にも役立っているのです。

最後に、いわゆる死、人間は「死」なねばなりませんが、この時に重大なことが生じます。

しかし勿論、本当の人間の方は死ぬわけではありません。つまり、その霊、霊が鎮座している魂は、静かに頭部の方から抜けていって、肉体をもぬけの殻のように後に残します。この時他界の方では、天使たちがこの新生児の魂を受け入れようと待っております。死の天使は、どのような死に方をしようと、死の場面には必ずそこにいます。魂はその天使の手でとりあげられ、静かに霊的生命の方に誕生します。一般に新生児の魂は赤ん坊と同じです。物質界から他界への移行は、物質界への誕生と同じです。死にかけている肉体のそばに、小さな姿がつくられていきます。それから、死の天使の愛の手に抱え込まれるのです。死の天使の心地よい外衣にくるまれて、新しい生命の世界へと誕生していきます。そこには他の天使たちが世話をしようと待ちかまえていて、ゆっくりとその魂を目覚めさせ、新生命に気付かせていきます。死は皆さんには偶然と思えることがしばしばありましょう。しかし、偉大な方々、つまりはカルマの神々にはそうではありません。カルマの神々は正確に死が近付く時を知っていて、それに応じて準備をされます。

死の天使は、想像されるようなぞっとする姿ではないし、ましてや冷酷でも残忍でもありません。そのベールをとれば、皆さんの目に入るのは、言うに言えぬ慈悲と憐れみと愛にあふれた顔なのです。

私共は皆さんが次のように理解されることを望みます。人生はすべて神の愛の手の中にあります、人生のすべての重要な出来事には準備がちゃんとなされています。神はいやしくも皆さんを愛しておいでの方、かように神をお考え願いたい。皆さん、心にしかととめていただきたい、父であり母である神は決して、いやいや、断じて皆さんを見捨てることはなさりはしないと。イエスもかように申された、「皆さんの髪の毛の一本さえも数えられている」と、また「一羽の雀も天なる父の知らぬところで地に落ちることはない」と。皆さんは神の愛にしかと支えられています。天使たちの世話の手にくるまれています。求めなさい、願いなさい、されば神の祝福が霊的にも肉体的にも、目一杯に得られよう。何となれば、これが神法の働きであるから。神法にはいささかの狂いもないから。

第6章

妖精の国

人間の魂の死後生存も耳新しく、やっとこさ受けいれているような人に、人間ではない霊的仲間が無数にいると言っても、奇妙に思えるでしょう。その生活がこの地上生命の中に浸透していて、霊的進化の大計画を助けているというのですから。この目に見えない生命は、あらゆる物質現象の背後に存在していて、それは最低の生命現象から、至高の生命現象に至るまでの背景に働いているのです。この不可視の生命は個々の生命体に影響しているだけでなく、他の諸惑星の生命ともつながりをもっているのです。あらゆる創造物の中には、名誉ある孤立などという事はありません。実際のところ、どの生命体の間にも分離は存在しないのです。すべてのものが相互依存をしています。一切がまじり合って一大調和の全体をなしています。誤っているように見えても、皆さんの目からは悪とか破壊に見えるものであっても、一大計画の目的に貢献しております。その背後には、全宇宙を通じて悪から善へと進めるために作用している、神の力と英知と愛が存在しているのです。それによって、最低から至高に至るまでの全生命体は、導かれ統一されています。

皆さんはどなたも、森の小人とか海の人魚の妖精物語を、よくご存知です。人によっては実際に海の波の泡に乗っている幽姿を見たとか、また、写真でその姿を見て知っているとかいうことです。あらゆる時代を通じて、妖精物語や民話は、妖精の実在を確言してきております。また、皆さんが更にこれに深く立ち入って行かれれば、これら物語の真実の意味が分かり始めましょうし、また、見えないこの世界が人間生活や霊的進化にかかわる真実の影響をも、お分かりになろうというものです。

小人たちは時代をこえて、文字どおり何千という人の目に見られたに違いありません。その物語はエジプト、中国、印度、ギリシア、特にスカンジナビアに、また皆さんの国の昔話にもありますから。世界のどこの国にも妖精の民話があり、大抵その物語は小人たちの同じような話なのです。

英国にいる皆さんの民話とか妖精物語は、その多くはスカンジナビアや北欧から来ているのです。このことを頭に置いて下さい。偉大な霊的知識の遺産は北方から来ているからです。ずっと太古、地球の大部分が暗黒に投げ込まれた時、賢者たちは北方浄土の人の地、即ち北方地域に引きこもったのです。これには神秘の意味があるのですが、ここではこれ以上は触れません。しかし、次のことははっきりさせておきたい、北方の人から霊的知識の富は受け継いだということ、民話とか妖精物語とか、また神秘の教示という形にくるまれてです。

皆さん方の中には、自然霊とはどのレベルどんな程度の生きものかと、考えてみた方もおありでしょう。私共は次のように説明したいと思います。すなわち、これら自然王国の生きものはエーテルの中で物質化する、つまりエーテルの身体を持つと。皆さんは地水火風の四元のことはよくご存じです。この地水火風の中に、これに浸透して、空気より精妙なエーテルが存在するのです。皆さんが呼吸している空気は、調節したり、重さを計ったり、分析したりできます。しかし、もっと精妙なエーテルでできた「空気」もまた存在するのです。そのように、水・火・土の場合も同じです。物質の四つの要素に浸透しながら、それぞれに相応じた精妙なエーテルが存在しています。このエーテルから自然霊は創造されます。それ故に、自然霊はエーテル界に所属しており、そこで活動し、そこからやって来ます。

皆さんは花を見る、その香りをかぐ、そうして「何という美しさ」と言います。しかし、花の背後に花の内部に何があるのか、疑ってみたことがありますか。皆さんは、それは神の愛の表現と言う。それはそうです――あらゆる生命は神の愛の現れです。しかし、どうやってその表現は出てくるのでしょう。どういう霊的過程をたどれば花の形ができるのでしょう――たしかに、そこには神の愛の表現のとおりに形をつくる手助けをしている、一群の目に見えない助手たちがいるのではないですか。皆さんは言う「神は世界を創造し、人間をお創りになった」と。そうです。しかし、神はその意志の遂行のために無数の働き手を必要となさる。神は偉大な建築家です、しかし、神は無数の働き手をお持ちで、最低から最高に至るまでの仕事を整えておいでになる。

ここで、小人の霊たちの仕事を述べる前に、四元（地・水・火・風）の自然霊と、エレメンタル髄質から思想によって創出されるエレメンタル（念霊）との相違について述べておきます。念の作用で創出形成されるたくさんの念霊というものが存在しています。このことは人間の思考がどんなに重大なものか、おそらく皆さんにも分かって貰えるでしょう。皆さんが不純で暴力的な想いや、恐怖感や暗い思想で何を創り出しているか、皆さんにはほとんど分かっていない。時折こう言う人がいる、私のそばに嫌な霊魂がいると――だが、その嫌な霊魂とは自分自身の思想の産物に外ならぬことを、何と説明したものか我らにも難しい。

妖精として知られている霊――庭園などで働いている小さな妖精たちに、通常、人間は気付きません。しかし、彼らに愛や調和のある気持を向ければ、彼らはこれに反応します。こういう方法で、忙しく物陰で花や木に霊的生命素を運んでいる妖精たちの愛を、かちとることができます。これら幽的生命たちの姿形はさまざまです。だが一般には人間に似た姿をしており、羽を持っていることもしばしばです。妖精たちは本当は小さいんですが、その特殊の仕事によってはかなりの大きさのものもいます。彼らは霊視すれば、庭や森や水辺や、時には家の炉でも見えます。この後者は火の精のサラマンダーです。火の精は、外にもそういう妖精はいますが、怒らせるとひどい悪戯《いたずら》をしたりします――これは仕掛ける人間にもよりますが。もし、皆さんが彼らを信じ、愛情をもって、協調して生きようとか仕事をしようとかすれば、彼らも皆さんを愛し奉仕をしてくれます。

勿論、黒魔術に仕える妖精たちもいます。しかし、ここではこれに言及しません、ここでは自然王国のきれいな面明るい面だけを示したいと思いますので。とは申しても、前にも言いましたが、一切は神の御手の内に入っているのではありますが。

四元の問題に戻りましょう、そこに自然霊の四つのタイプが代表されています。地の自然霊はたくさんの名で知られていますが、ノームの名で全体を呼ぶことにします。空気の霊はシルフ、火の霊はサラマンダー、水の霊はアンディーンと呼ぶことにします。しかし、この四グループの中には、様々な色々の異なった種類の自然霊が働いており、それぞれ特有の仕事を持っております。

殆んどすべての自然霊は、だいたい意のままに、その身体の大きさや外観を変える力を持っています。特殊な目的があると、大きくなることがよくあるし、また小さくなったりもできます。実際に、自分の要素の中でならほとんどどんなにでもなれます。しかし別の要素の中には入っていけないのです。例えば地に関して言えば、ノームは空気の要素の中にも、水や火の要素の中にも入っては行けません。彼らは自分独自のエーテル中に住み、動き、生きているのです。おそらくは一千年もの間。しかしながら、彼らは不滅ではないのです。この点が、人間や、天使のような高級な霊的存在の系統と違っているところです。人間の世話をしたり、念霊を支配する力をもつ天使らは不死だが、この小さな自然霊たちはそうではないのです。その妖精の仕事や機能が完了すると、やがてその妖精は霊的生命の大海に再び吸収されます。彼らは人間のように個性を存続し、成長を続けるということはありません。

これら小さな自然霊たちは、天使たちと無縁ではないのです。植物の根や花に活力をせっせと運んでいるこの小さな生きものたちは、下級天使の念力によって生命を得ているのでして、それ自体が想念体なのです――ですから、これを「エレメンタル（念霊）」と呼ぶ人々もいます。ですから既述のとおり、自分の仕事が終わると、静かに消滅してしまいます。しかし、すべての妖精がそうだというわけでなく、独自の進化コースをもつ独立した妖精もいまして、これらは上昇した暁には天使王国に入ります。このような自然霊の進化を、人間はその愛や親切や善意によって、助けてやることができます。

では、今度はノーム（土の霊）について話しましょう。一見してその姿は一寸法師みたいです。だが既述のとおり、その姿は意志で変えられるのです。ノームは地中に住んでおり、主に石や地中の鉱脈の進化にたずさわっています。地質学者が別の解釈をしていることはよく承知していますが、彼らは全体を見る目を持ってはいないこと、これをご記憶願いたい。我らの知るところから申すと、ノームたちは土の成分とのかかわりがあって、宝石の形成・創出に関与しているのです。妖精物語には、小人たちが洞穴に宝石をザクザク隠していると いうのがありますが、あれは事実に基づいているのです。そういう場所が実際に地中にあるのです。

地表面で働く別の者たちもいます。木とか藪とか草とかに生息しております。これら小人たちは自分の作る材料の洋服を身に着けていることが多いのです。その材料とは自分の住む半物質的な土の成分からできるのですが。ノームたちは長いひげをもつことが多く、頭には帽子、ぴったりした長靴をはき、チョッキないし上衣を身に付け、腰にはバンドを巻いていることが多いようです。

小人たちを見たことのある人ならご承知ですが、彼らは人間にはとても親切で友好的であり、助けてくれたりします。しかし、利己的な人間には協力しません。もし妖精の力を誤用でもしようとすれば、非常に不機嫌になります。彼らは愛によく反応しますから、愛念を彼らに送ることは、良いこととまた賢明なことです。

木に住む念霊は、植物に住家をもつノームよりもずっと大きく見えます。意のままにうんと大きくなることも、その霊にはできるのです。こんな話をご存知でしょうか、ある少女が薬を飲んだら、たちまち大きくなってしまった、驚いて別の薬を飲んだら、今度は豆粒みたいになってしまったと。こういう話は作り話に思えても、人間の頭から出たものではないのです。たいていの妖精物語は、妖精自身に起源があります。

さて、こういう小さなノームも結婚したり、家庭生活を持ったりできます。食物だって食べます。それは皆さんの考えるような物ではなくて、彼ら自身が所属する成分からできている食物です。その国を支配する王と王妃がいます。アラバスター（雪花石膏）のようですが、もっと精妙なもので、ノームたちは宮殿を造ります。皆さんは山かげに連れて行かれた子供らの話を聞いたことがあるでしょう。妖精のお城がはっきりと丘に建っていたのです。それは実在なのです。ただし、物質ではないので、皆さんの目には見えないのです。しかし、皆さんが、視力を、真正の明晰《めいせき》な視力を開発されれば、地上のこれら妖精の城が目に見えるのです。これと同じ驚くべきことが、空中にも水中にもあります。水の霊の中にはマーメイド（人魚）と呼ばれているものもいます。これは実在していますが、物質の中にいるのではないので、普通人の目では見えないのです。船乗りが人魚を見たと言うと、一笑に付されます。しかし、それは本当でして、一瞬その船乗りの目のベールが落ちて、ピカリと水エーテルを見る視力が現れ、現実にそこにいる人魚を見たのです。

子供は霊界から地上へ生まれて来て日が浅いので、まだ霊界の方へ近いわけです。従って霊界の記憶が残っていて、心には自然霊のことが残っています。こういう次第で、子供たちは容易に妖精の国に入り込んで見ることができます。この点が、地上に永く住んでいる大人たちとは違うのです。

アンディーン、すなわち水霊は見るからに美しいものです。美しい水エーテルでできた優美な小さい生きものです。よく海洋の波に乗っていたり、しだや花の咲く岩場の水たまり、あるいは湿地などで見受けられます。水の精たちは水のような光った素材を身にまとってい て、緑がかった、海のあらゆる色彩でピカピカしています。水の精の仕事とは、水中の植物の成育や水の運動にかかわっています。彼らはまた、人間性の中の水の性質と、すなわち人間固有の感情や心の動きと、結び付いております。感情が激しくなると、水の自然霊たちが集まって来て、混乱を、時には感情の嵐をひき起こします。この嵐を統御できる力は唯一つ、イエスが嵐を静めた時のように、愛の力です。こういう念霊たちは人間と協同して働くことを望んでいる現実の生きものなのです。人間は彼らから助力と奉仕とが受けられます。しかし、もし人間の方で激情をもてば、それはおそらく嵐を招くことになります。

小さい方の水の精には通常は羽がありまして、フェアリー（妖精）と人は呼びますが、これは水のある土地の花の近くに居たりします。とても愛らしくて、うすい羽、うすい着物を身につけています。時として霧の中に、小さな鬼火が見えることがあります。湿地とか狩猟地のような処に、水エーテルでできているのですが —— 生きている霧の鬼火とでも申しますか、それがあちこちと漂っているのです。この現象に科学的な説明が下されていることは承知していますが、前にも述べたとおり、この現象には物質的理由以上のものがあるのです。科学的説明があるからといって、我らの言う事実が変わるわけではありません。

さて、次は空気の霊です。これを我らはシルフと呼んでおり、空気の成分の中に住んでいます。この空霊は空中を引き裂く機械が大嫌いだと言われています。不思議に思うかもしれませんが、どんな空気中の暴力もこの空霊を動転させるのです。

空気の霊は人間のインスピレーション受容を助けております。人間は、観念とか発明とか芸術上の直観は、人間から生まれるものと思っています。人間は一人でものを考える存在だと思いこんでいます。知らないのですね人間は。ですから、人間に次のように言っても容易に受け入れてはくれません。人間の方でその気になりさえすれば、空霊はどんな創造的芸術の面においても人間に助力を与えてくれるものであると。しかし、シルフは空気エーテルでできています。空気エーテルは人間精神と関係があります。人間の精神体（メンタル・ボディ）は空気エーテルの影響を受けて感化されます。こう話せばすぐお分かりでしょう。なぜ空霊が精神を使う人、特に創造的芸術にたずさわる人々に引き寄せられるのか。

小人の別の系統にサラマンダーと呼ばれるものがいます。これは火の成分と関係しています。彼らは一般に小粒です（身長十二インチくらい）、ですが大きくなることができ、また消え去ることもできます。彼らはいつも燃える炎の中に居ます。少女がこう言ったのを、我らは知っております、小人が炉の上に見える、火を燃え立たせようとしていたと。少女の言葉は全くの真実です。火のある処、炎を立てようとする火の霊がそこにいるのです。マッチをする度に、火霊が呼ばれます。小人がその火花の中、または背後にいまして、それで点火がさせられます。点火が下手な人は、火の念霊に親しみを込めてこう言うべきですね、「小人さん、きておくれ、火付けの手助けをしておくれ」とね。親しみがあって、心から出たものならば、火は楽しく燃え上がるでしょう。想像できましょうが、ものすごい火がほえたてて手に負えない時は、大サラマンダーたちが荒れ狂っているのです。

勿論、時にはサラマンダーが有害となることがあります。特に、何か不快な力が侵入して、人家や建物に不調和な状態が生まれた時です。かんしゃくなどの気持があると、サラマンダーを非常に動転させて、トラブルの原因となります。家や建物の中での精神的な難事は、どんなものでも必ず危険です、そういうものがサラマンダーを刺戟して行動に走らせるからです。

サラマンダーは手に負えないところがあります。子供と同じで、自分のしていることが分からないからです。実際に、自然霊たちは人間の精神が考えた結果生起された現象の多くに、かかわりを持っています。されば、そういう現象とは、こういうむら気の小さな生命たちと取引きをしているのと同じことです。もし皆さんが彼らを愛して受け入れるなら、それが本心なら、それに応えようとして、動物と同じように言うことをきいてくれ、奉仕してくれます。だが、つむじを曲げさせると――彼らのいたずらのお膳立てをすることになります。心霊現象はどんな種類のものでも、自然霊によって生起されないものはありません。しかし、記憶していただきたいことは、人霊と同様に自然霊も幽界に住んでいるということ、自然霊はいたずらが好きで、心霊力を使いたがるということです。

しかしながら、我らは次の事実を強調しておきたい。すなわち、地空火水いずれの念霊たりとも、または人間の邪心が生んだ幽的な念霊たりとも、すべて偉大な主キリストによって統御されるということです。キリスト愛の光明に生きるかぎり、誰一人いささかも念霊などに損なわれたり、悩まされたりすることはないのです。憑依とか不快な現象とかを恐れることは何一つありません。鍵は貴方の手中にあるのです。貴方の想いと生活の純潔さ、万物への愛、それが鍵です。

自然霊や本物の妖精を、植物でせわしく働いている小さな念霊と混同しないようにしましょう。これには広大な仲間があって、まだ進化の系列に乗っていないものもあり、既述のごとく、上級霊の想念力の産物のようなものもあって、――これは当該類魂の主だった天使らの精神の創造物と言っておきましょうか。この天使らの精神によって、念霊たちは活力を得、仕事の指示を受けつつ、植物の成長を助けているのです。念霊たちは仕事が終わると、形を失い、エーテルの中に消滅します。

しかし、類魂から活力を受け指示を得ている、本物の妖精たちがいます。彼らは歩一歩と上級の生命形態へと進化していきます。そういう自然霊たちがどこにでもたくさんいます。ただ大都市を除いてですが。妖精たちは人間感情から生まれる、都会の荒々しい波動が嫌いなのです。

自然霊たちは人間のように病気はしません。しかし、荒々しいものには反応を示し、傷つけられもしますし、従って逃げます。彼らは活力（栄養・食物）を花の発出物から吸収します――その匂い、香り、色や美しさなどから。これが妖精たちの食物です。彼らは花の香りや色や美を吸収するのが大好きなのです。花の霊たちは優雅な動きをします。時には花の上に姿が見えることがあります。薄ものの衣装と羽をつけています。さよう、まさしく妖精物語は真実です！　これらの美しい生きものたちは田舎の田園が大好きなのです。そこで花を愛する人間たちと接触します。妖精たちはそういう人間の魂に密着しながら働きます。その魂から発散するものが好きなのです。

妖精は大都市が嫌いというのは一般論で申しているのです。ロンドンの大通りを妖精が走っていたなんてあり得ないことです。そんな処には働く仕事が彼らにはないのです。しかし、都会の樹木とは接触をもちます。静かな都市の庭園には姿が見られます。しかしながら、一般に申せば、妖精の姿を見るには田舎まで行かねばなりません。皆さんの美しいイギリス、その丘とか狩猟地など、そういう処には妖精たちがゴマンとおります。丘とか田園の小道を一人で歩いてごらんなさい、そこに皆さんは妖精や小人たちがいることに気付きましょう。しかし、彼らは非常にはにかみ屋で憶病で、人間がぶらついているのを見ようものなら、姿を隠してしまいます。妖精物語によると、木の幹に小さな扉があって、ノーム（土の精）やブラウニー（スコットランドの妖精）がそこへ消えたと言われていますが、あれは根拠のない話ではないのです。様子をうかがう人の目から身を守ろうとする時、そういうことがあるのです。場所によっては、妖精たちが群集しています。たとえばスコットランドのペントランド丘、またデヴォン州やコーンウォール地方の狩猟地や丘です。アメリカ・インデアンの土地には自然霊がたくさんいます。それは昔々、インデアンが穀物の成育に自然霊の助力を求める秘密を知っていたからです。アメリカ・インデアンはそれを信じているだけでなく、自然霊たちと調和して作業もします。彼らはいつも小さな友人たちの存在を意識しており、非常にまた彼らに感謝をしております。何と申しても、彼らは人間にとても親切で手助けをしてくれるのですから。未来に理想の国があるとすれば、人間の目が開かれて、この広大な見えない宇宙を知り、そこの住人たちと調和して働くようになる時、その時です。我らはこう強調します、皆さん個人の生命の価値は、広大な同胞の生命の中で生きてはじめてあるということ、されば、皆さんが天使生命の系統と調和して働くこと、協同して生きることがどんなに重大なことか、これであります。

ホワイト・イーグル・ロッジで、我らはあるグループの人達にこう言いました、我らは何事も信じると。これは思い切った発言のように聞こえるでしょう。しかし、我らが意味したことは――現在も同じですが――我らはあらゆる問題に開かれた精神をもつということ、何に対しても否とは申さぬということです。我らは未知の物事に興味を抱き、これを信じます。何となれば、天界にも地上にも、人間の哲学では夢想だにしないたくさんの物事があるからです。

第7章

妖精物語

人間は自然の美を楽しみこれを享受します。だから、大自然の生命の中に満ち溢れている念霊と妖精たちは、人間の霊的進化に密接なかかわりをもっています。それ故に、霊的進歩のためには、進化のある段階で、この目に見えぬ助力者たちに気付くことは必要なことなのです。多数の人たちは、小人たちすなわち自然霊のことはそっちのけで、自分の死後の問題にばかり首を突込んでいます。全般的にいって、人々はこの小さな同胞のことは頭になく、従って人間の霊の世界に関する知識は狭いものになっています。霊性進化のある点までくると、人間の視力は開かれ、身辺にいる小さな同胞たちに気付くようになるものです。

前に四元の話をしました、そうして次のように説明しました。四つの物質の要素に浸透して、五感では分からないが、第六感つまり直感ないし霊感ではエーテルから創られていますが、精妙なエーテルが存在するということ。妖精たちはこの四要素内部の精妙なエーテルから創られています。だから、エーテル視力をもった人間には妖精たちの姿が見えるのです。たとえば、土と土エーテルに浸透しているより精妙なエーテルは、ノームと呼ばれる小人たち、すなわち自然霊たちが創られる素材であるということです。

物質の水の成分の背後にまたその内部に、水エーテルが存在します。この水エーテルから、アンディーンとか水霊とか呼ばれる霊たちが創られています。火の場合も空気の場合も、同じことです。火の要素である火エーテルから、火を燃えたたせるサラマンダーが創られています。各要素のエーテルの内部に、そのエーテルから創造されて、その要素と結び付いた生きものが住んでいる、ということです。

空気中には、空気の要素と結び付いた生きものが満ちています。これらは空気エーテルから創られていて、小粒のものもいれば、人間より大型のものもいます。特に山に行くとその姿が見られます。もし皆さんが高山の人跡まれな地へ行けば、山霊とかシルフとか空霊とかに気付くでしょう。彼等は強力で神秘的であって、人が入り込むのを必ずしも喜びません。たとえば、時折、登山家たちが不可思議な困った事にぶっつかった、そういう経験をすることがあります。空気の精霊たちは、ある点を越えて人間が入り込むのを許さないのです。

このような驚くべき霊たちが精妙なエーテルには住んでいます。皆さんが瞑想をして、もし一生懸命やれば、そういう高いところへ、ないしは内的世界へと入って行けます。これはいま皆さんが努力中のことですが。肉体でなしに幽体でもって、皆さんは妖精たちの国を訪問できます。大地の内部に、山々の内側に、彼ら妖精たちの宮殿を見ることもできます。

物質的な皆さんの生活に浸透しながら、精妙な生活の世界が一杯あるのです。皆さんは物質を硬い固まりと思い、その硬い内面に別の生活があるなどとは信じ難いことです。皆さんは失念しておられるが、物質は本当は透き間だらけに編まれていまして、波動の程度が違う別の物質形式の浸透が可能なのです。それ故に、我らは皆さんを土の成分の中の妖精の国へ連れて行けるし、物質のアラバスターと外観はそっくりの妖精の宮殿へ案内もできるのです。我らは皆さんの物質庭園の内面にある妖精庭園へ、皆さんを案内もできます。瞑想をすれば、海岸の奥深くへと入り、水霊たちの水の国の中に居るアンディーンたちの姿が見えます。皆さんは海辺へ、すなわち水が豊かで藻が繁っているような色々な処へ、行けます。そこの、水のエーテル的側面には、小さな自然霊、アンディーンたちが見えるのです。

さて、皆さんに四元について考えていただきたい、そうしてこの四元がどれも皆さんの内部にもあるということを理解していただきたい。されば、皆さんはどの要素の小人たちをも自分に引き寄せることができるのです。特に、我らがいつか述べたイニシエーション（霊的進歩の階段）を受けた時にはそうです。

密教の学徒である皆さんは、イニシエーションの幾つかをおそらく知るようになるでしょう。それはエジプト、ギリシア、その他の古代神秘学派の志願者たちが経験しました。このイニシエーションは、四元の一つ一つと関係ある自分の魂の質をテストする、そういうふうなものでした。各四元の自然霊たちは、内的な魂の次元で、これらイニシエーションと関係をもちます。

たとえば、感情のテストを受けている場合は、水の霊であるアンディーンが関与しています。空気のイニシエーションで、精神体（メンタル・ボディ）が強化されつつある場合は、シルフが奉仕していることが分かります。土のイニシエーションで、魂が物質の束縛から自由になり、我意や低級意識を捨てることを学びつつある場合は、土の念霊が関与しております。愛の教訓を学びつつある場合は、火霊すなわち日の光の精霊が関係しています。

今度は視点を変えて、妖精の別の面、民話や妖精物語で妖精が演じている役割について見ましょう。念のため、昔から伝わるこれら物語の多くは、人間の魂が実際に経験した話だということです。我らはまた魔術の分野にも入ることになります。というのは、魔術はすべて自然霊のおかげで成り立っている面が多いからです。こういう話があります、妖精なり念霊なりがある物品に愛着をもってくっつくと、その品物の所有者の命令のままに従う、そういうことです。ランプの奴隷《どれい》とか、指輪の奴隷の話とか、そういうのがありますが、これらの物語の中には真実があります。古代人がよく使ったお守りや呪文が、念霊を引き付けることがよくありました。というのは、自然王国のこれら精霊たちは、エーテル界の法則を知っている魔術師や僧侶や神秘家の命令を受け、言いなりになるからです。

しかし、我らは次のことを指摘しておきたい、自然霊を使う人はある段階まで、霊的に進歩した人でなければならないということです。でないと、きびしい罰を受けることになります。たとえば、大師は自然の法に調和して生きていますので、自然霊たちが大師とともに働くわけです。主イエスは海の嵐の折、水と空の自然霊をたやすく統御なされた、あれを思い出して下さい。イエスは大師でした、されば一も二もなく自然霊たちは従ったのです。だが、ある程度の知識はあっても、命令を下す本当の力量を持たぬ神秘家は、おそらく、こう言って念霊と取引きするでしょう、「先ず、私の言うことをきいておくれ、そうすれば私も言うことをきいてあげる」と。ファウストの物語のように、彼は自然霊を従わせるために、自分の魂さえも売るのです。だが、決済は必ず後からやって来ます、されば彼は自然霊に従わねばならなくなるのです。宝石とか何か品物に愛着を持っている小人たちは、その品を身に着けている人が、それを愛し大事に取り扱えば、その人に奉仕してくれます。次のことは心に刻んでいただきたい、生命の根源の法とは愛です。されば、ノームたちは人間を仰ぎ見ます、そうして人間から善意と愛を期待します。彼らは人間と張り合うことが好きです。自分の周りにいる人たちと同じような服装をします、衣類だけでなく人柄も創り出します。たとえば、中国では念霊たちが中国人そっくりです。中国服を着て、習慣もその土地の人たちと同じ様です。インデアンに仕えた小人たちは、イギリス人なんかではないのです！ 顔付きも服装もインデアンみたいです。このことはどこの国だって同じ事です。人間族は念霊たちに責任があります。されば、人間の愛が彼らには重大です——愛も、善意も、そして生活の清浄さも。

もし人間性が堕落すれば、どういうことになるでしょうか。それは、四元の念霊とは似ても似つかぬ、低級なエーテル生命を創り出すことになるのです。人間の残忍さだとか、放従な肉欲だとか、そういう人間からの発出物が、たちまち目に見える念霊を創り出すのです。実例をあげてみましょう。アルコールに溺れた哀れな人間たちは、意識混濁状態になります。そういう状況下で、彼らはきわめて不快な生きものを見ています——それは幻覚ではありません、それは、このアルコール中毒者の発出物から創造された念霊なのです。

激烈な感情を出す人は、奇怪な生きものを創出します。そういう激情からは、皆さんの言う小さな「魔もの」たちがたくさん生み出されるからです。それは十二インチから十八インチくらいの生きものでして、黒いものあり、火のような赤いものあり、角と尻尾があって、敏感者には見えたり聞こえたり感じられたりします。世の物語もそういう魔ものを伝えています。ざれ言のように多くの真実が語られています。人は意気消沈しても、自分にまとい付く念霊を創出します。まことに、良からぬ感情はみな、低級エーテルから自分自身の分身である念霊を創出します。同じことですが、調和のある良い想念は、優しい美しい幸福な小人たちを創出します、彼らは本人のために、またその人の周囲の人たちのために働いてくれます。

人々が、自分の想い、自分の行為、自分の感情が生み出すものを、理解し始めたら、おそらく人々は自分の人生をもっと大事に鍛練しなければならぬと、承知するでしょう。

皆さんは、人間の本性には二つの面があることを知っておられる。地上に執着する人間の性質、つまり物的欲求を満たそうとする本性があります。もしこの本性、つまり物的欲望が、霊的なもう一つの本性より先行するようなことになれば、その人は人間の霊の敵の手中におちいると言われます。しかし、霊が、つまり高級我が、低級な欲求の上に立ち上がることができれば、魂は勝利者であり、試練を超えるものです。

たいていの妖精物語は、人間のこの二つの本性、すなわち物的・霊的性質にかかわりをもっています。一歩進んだ物語では、この低級な本性が、光、ないし太陽の創造力で変化したと、そういう話が目につくでしょう。こういう神話や妖精物語は、初心の人たちに、太陽の力は光や霊力となって注がれ、人々に力を与え、人々を助けるのだということを教えるためのものです。

こういう物語では、王様が中心人物となっていることがよくあります。だいたいこういう出だしです、「昔々、王様には一人の美しいお姫さまがいました……。」いろいろな王子や貴族たちが遠くの土地からやって来て、その王女を手に入れようとします。王様はこういう王子たちに言います、「私に黄金のリンゴを持って来た者に姫をやろう」と――または別の品物のこともありますが。そういう宝物は、いつも、山や暗い森や大河を越えて、長い旅行をした果てに隠してあるのです。もし王子が姫をお嫁さんにしたければ、王子はいろんな人間的テストを受けなければならぬわけです。王子が受けねばならぬテストはどれも、イニシエーション（霊的進化の階段）を意味しているわけです。たとえば、いろんな生きものが待ち伏せしている暗い森は、彼らを誘惑する低級な幽界的な欲望の世界を意味しています。この誘惑にうち勝つには、大きな勇気と、しっかり行く手を見つめていることが必要でした。王子たちは道に迷ってはいけないし、恐怖でしなえてもならないのでした。

皆さんの中にも、瞑想とか夢の中で、そういう森に自分がいて、恐ろしい動物にぶっつかるということがあったでしょう。恐怖を皆さんが克服できれば、その動物は皆さんを害しません。そういう経験は魂のテストです、幽界での勇気の試練なのです。恐怖は人間最大の敵です、ですから、魂は一切の恐怖から抜け出すことを学ばねばなりません。もし皆さんが一瞬の間でも思いをめぐらせば恐怖が人生の最大の敵であることに気付くでしょう。人は恐怖に首を抑えられながら生きています――未来の恐怖・健康の恐怖・死の恐怖・財産を失いやせぬかという恐怖、食えなくなりはせぬかという恐怖・損をせぬかという恐怖。無数の恐怖に人間はとり巻かれています。されば、進化の階段を登る者が克服せねばならぬ最大のテストは、多数の捕捉しがたい形をした恐怖であります。

姫を求める王子たちは、火の竜と向き合わねばなりません。この火竜とは低級な自然力を表示しています。換言すれば、人間の内に住む太陽の火、つまり創造的な火は、恐ろしい姿で出現し、生命を脅かしてとりひしぐことができるということです。その火の自然力が統御されなければ、男も女もそのために恐ろしい事をしでかします。いったんそれが統御されると、それは心臓に入って愛となり、頭に入って聖知となります。完全統御を欠きますと、悪い気質となって現れます。しかし、この光、つまりこの生命力が心臓に上りますと、偉大な愛の温《ぬく》もり、優しさや同情となって現れるのです。上って頭のチャクラに入りますと、低級な性質から転換されます。その象徴が聖者の頭の周りに見られる光輪または黄金の冠でありま す。神話に出てくる黄金とは、この愛、すなわち聖なる太陽力を表示したものです。これに対し、銀とは知性を象徴したものです。我らは神智の通路となり得る、またならねばならない知性の発展を、けなしたりは致しません。しかし、次のように明言しておきましょう、知性は正しい方法で使われねばならない、また、心臓の英知に優越してはならないと。心臓の英知は黄金であります。知性の方の光は銀です。この両者が完全なバランスをとる時、神智と霊性の完成が生じます――そういう事があるとするならばですが――また、低級な自然力は統御され克服されます。

物語の中の王子は吠えたてる河を渡ったり、海の嵐を越えねばなりません。こういう話を何度も聞いていますと、私たちにはそこに描かれているような感情の性質があることに気付きます。王子は自分のままならぬ感情を克服して行かねばならぬのです。で、皆さんは、こういう妖精物語は四元に関係していることに気付くでしょう、前に述べました地水火風ですが、あれは四つの大きなイニシエーション（霊的進化の階段）を象徴したものです。王子は四元すべての試練を経験します。地はその最後のイニシエーションとして立ちふさがります。これは地上的人間の克服、つまり神人の誕生を象徴するものです。王子がこの四つの試練をすべて通過する時、晴れて姫と結婚する準備が整うのです。

昔の妖精物語の多くはこういう筋書きでして、実際に霊性開顕と魂の発達を物語でなぞったものです。話の結末は神秘的な結婚になります。その結婚とは魂と霊との結婚です。魂はみずからの戦いを経験し、低級な性質を克服して純化され、遂に大我との完全結合の準備が整うのです。

ここにもう一つの別の物語があります、今度はその話をします。小さな王女の話です。洗礼の時に、妖精がきて美と富と、小さな女の子なら皆ほしがるあらゆる良い物を与えてくれました。それはそれは王様夫婦の大変な喜びでした。そんな物語を皆さん聞いたことがありませんか。良い妖精が行ってしまいますと、後から悪い妖精が登場しました。両親は、王女がいつか大きな災難にあうかもしれぬと告げられます。両親は姫を守ろうとあらゆる手を尽くしました。しかし無駄でした。

ここには大きな教訓があります。お分かりでしょうか。ポイントはこうです。魂は霊性進化のためには、一定の体験を通過せねばならぬように決められている、こういうことです。

そういうわけで、王女は害を受けて眠りにおち入ります。物的生活には束縛があって、王女はその鎖につながれる、そういう意味です。皆さんは皆この王女です。もし皆さんが自分の真我が見られたら、びっくりするでしょう。皆さんの真我とは王女が初めにそうだったと話にあるように、それは美麗きわまるものですから。皆さんの上、地上から遠く、王女つまりは皆さんの高我が住んでいるのです。たいていの人達の場合、かの美しい王女、つまり高我は、俗世の生活また数多くの過去の地上生活で汚れ、魔法をかけられて眠り込んでいます。眠りから覚めるには、時には永い時間を要します。その王女、すなわち高我が目を覚ますには、それを目覚めさす力を持つものは一つ、愛です。

こうして、高我はその時が整うまで眠ります。時には、王女は一面に毒草がはびこるお城の中で眠りつづけます。それは丁度この現世の姿ではありませんか。物質世界はまどろむ魂のまわりをとり囲みびくともしないようです。人はしばしば手荒い外界にばかり目を向けています。しかし、もし人がこの手荒い外界を切断すれば、人は眠っているその下に、極美の自然を発見することになるでしょう。これが、皆さん、皆さんの仕事です、我らが仕事です、チクチク突き刺すものの背後に隠されている王女を常に求める仕事です。容易ならぬ事ではあります！　すべての人はその内部に光を所有しています。つまり、誰もがかの高我の王女を所有しているのです。各々をいとおしみをもって取扱うこと、これぞこの世での我らが仕事です。かの至善なるものに絶えず目を向け、その美の覆いをはずそうと、勇気をもって極限の努力を重ねて突き進むこと、これです。

皆さんが瞑想中に主に触れることがあれば、お分かりと思うが、主は常に辛抱強く親切です。決して手荒ではなく、皆さんを裁くためにあるのでなく、無理強いをせず、絶えず皆さんから皆さんの真実の本性を引き出そうとなされます。こうした経験で、人はその指導霊と守護霊を知ることができます。これら霊師たちは愛に満ち、至善なるものを絶えず見ておりますから。間違ってもらっては困るが、守護霊も指導霊もこびへつらいなどはしません。ただ彼らは皆さんの中の至善なるものに目を向けており、皆さんの高級の本性を引き出します。魂は進歩するにつれて、二つの美がはっきり見分けられるようになります、即ち指導霊の中にある美、また魂の前途にある未来の霊的な美。

少女の物語には、魔女に苦しめられ、逃がれて、森の中で迷子になった別の話もあります。その王女は、悪い継母が毒殺しようとしたので、お城から逃げ出したのでした（これは、悪の面が善の面を毒することを物語っているのです。）

この物語は、いわゆる悪の影によって、高我が低我と分離した場合の、人間の高我について語っているものです。光の子は学習のために、つまり経験を得るために荒野へ、森へと入って行きます。少女は真理を求めて入って行くわけです。我らはこの森を、おののく魂がさまよう、地上の現世になぞらえます。魂、すなわち子供、少女は、自分に味方するノーム（地の精）たちに会います。この小人らは、十二宮をもって示される魂の諸性質なのです。永い間、森の中で小人らと幸せに少女は暮します。すると、暗い力、滅ぼそうとする悪の力がやって来ます、精神も身体も毒しようとする悪の力です。創世記にもこれと同じ象徴が記されていますが、面白いことです。少女はリンゴを食べるように誘惑されます。それが少女の破滅となります。少女は深い眠りに、ないしは死におちいります。こういうことが、絶えず皆さんすべての身に起こっているのではありませんか。世の悪は皆さんの真我を滅ぼしましょう、しかし、完全には成功しません。悪は魂を完全に殺すことはできないのです。魂は死んだような状態で、閉じ込められてしまいます、王子がやって来るまさにその時までです。それは数ケ月とか、数年というわけにはいきません、幾生涯にもわたりましょう。待ちながら、魂は眠りつづけます。やがて適切な時になり、王子がやって来て、眠っている王女の目を覚まします。ここに、魂と霊との神秘的な結婚が象徴されています。

皆さん、子供に話すように、我らはきわめて単純に話をしてきました。だが、真理というものははなはだ単純なものです、そのために尊大な人間は真理を見逃してしまいます。人間の脳も知性も随分とお偉いものです、されば、地上の全人生の問題を解決できる単純な一事をご存知ないのです……息子のキス、心臓の中のキリスト霊、すなわち愛の目覚めです。

幸いであれ、皆さん。喜びによって満たされ、光の中を真直ぐに見つめなされ。一直線に、愛である黄金の心臓に向かってお進みなさい。すべてはよしと、こう知りなさい。かの金色の永遠の光の中に生き、活動をつづけなさい。されば、何一つ皆さんを犯すものはない。ただ一つの実在は光、神、愛です。

第8章

生命と調和して

「緑の指」を持つ人々がいると言われています。彼らの波動には無数の自然霊が調和して、引き寄せられます。そのため彼らはこれら小さな仲間たちの助力を受けたり、それから便益を得たりします。他の人たちにはこのような能力の側面が発達しておりません。彼らも私は花が好きですよと言うかもしれません。なるほど、ある点まではそうかもしれない。しかし心にとめていただきたいのだが、愛するとは奉仕に波がないことです、また、成長するものを本当に愛するとは、自分を相手の生命流にぴたりと調和させることです。人によっては、これが全くできない人たちがいます、それは彼らが現在、自己の七重の神性の中の別の側面を開発しつつあるからです。しかし、人が完成すると自然界を統御して、自然霊を呼び出して働かせ奉仕させる、その能力を手中にします。

皆さん、自分の花を愛しなさい。その花に語りかけ、木々に話しかけなさい。北米のインデアンは木の霊、花の霊、流れる水に話しかけていました。また山にいる神にも話しかけました――彼らにはすべての生命が神の表現だったのです。小さな野のひな菊たちとも親しみなされ、生垣の花とも、草の葉ともです。一つ一つの生きものと貴方が分かち合っている同胞性を感じるようにしなされ。鉱物たちも神の光と共に生きております。路傍の石ころさえも、伸びゆく植物たちと分け合っている生命と光で、うち震えております。もし、皆さんによく見える目があったら、庭のすべての花と木が、色と生命で鼓動し波動しているのが見えるはずです。

大地には生命の聖火がしみこんでいます。この聖火は、愛とも呼ばれますが、万物の中の生命です。もし皆さんの目が開かれれば、生命をもたぬ物たち、金属、石、木片、これらの内部にも聖火が見えるでしょう、すべてが火の、小さな閃光で脈動している様が見えましょう。

花の色は妖精すなわち自然霊たちが運んで来ます。妖精たちは植物の中心の茎で作業をしていて、花の求めに応じて彼らのエッセンスを注入します。換言すれば、花は共に働いている妖精の色を自分の身に引き受けているのです。その妖精の意識の質であるそのエッセンスが、その花を通じて表現されているのです。

もし皆さんが霊眼を開いて木を見ることができれば、幹よりも枝や葉の方を見るでしょう。土の中、木の根の中の火を見るでしょう。木の幹を火が登って行くのを、あらゆる枝あらゆる葉に光が放射されていくのが見えましょう、特に一年の中でも春はそうです。聖火は空中で陽光の中で光るだけではありません、大地の中でも、あらゆる大自然の中で光り輝いています。

この内的なエーテル世界は光と音と匂いで振動していますが、それだけでなく、惑星の光線がすべてのものに浸透しています。皆さんの肉体の諸部分は、一定の諸惑星との調和を保ちながら振動しています。というのは、それぞれの惑星は人間と呼応するものをもっているのです。これらの波動のことをよく知って、皆さんの身体の内にこの波動をさらにたっぷりと取り入れなされ。皆さんが、あらゆる生命と同調して脈動できるようになれば、大師の資格を握ったことになりましょう。

我らは皆さんを、一人の存在から、つまり現在の地上意識の限界を越えて、永遠の生命の中へ高めたいと思う。

皆さんの天界の想像力を使いなされ、されば、我らと共に霊となり、我ら皆が祭壇のまわりにひざまづく社殿へときなされ。その社殿のアーチは太陽から黄金の流れをば受けております。この黄金の生命流が太陽光線以上のものであることお分かりでしょうな。ご覧なされ

——これが生命自身です。生命の精を担ったものです。すなわち空間で旋回する微小な班点を担ったものです。その微小なる班点が、地上のあれこれの低級な生命形態となって現れている、それを我らは承知しています。されば、我らはこの微小な生命粒と、若い我らの同胞たち、動物王国・植物王国・鉱物王国と連結しているのです……

皆さんが自分を凝視し、自分がこの黄金の生命流に包まれていることが分かれば、皆さんは霊界の音楽に同調します。されば、よく聞いてみなされ、心に響く霊生命のハーモニーが聞こえましょうぞ。

聞き耳を立て……深く耳を澄まして……

皆さんは今えも言われぬ微妙な色あいの色彩を浴びて立っています。皆さんは霊の世界にいるのです。皆さんの周りには霊光をさんさんと光らせて、無数の生きものが活動しています。

そのハーモニーの独特の色合や調子から、我らは惑星の天使らが、我らの上で我らの内部で働いていることを知ります。各々はこの惑星天使の影響が、ほんの身近でいま自分の生活にかかわっていることを、知るようになるに違いありません。これが分かるようになれば、我らは我らの若い同胞たちへの、もっと大きな奉仕の通路となるでしょう。上級の世界で各人は惑星天使を引き寄せます、我らの魂はみなその地上出生の折、その天使の助力を必要とするのです。人間のチャクラが光輝を持てば、人類はちゃんと心得をもって、意識的に惑星天使らに反応し始めるでしょう。これが一般的となれば、ここに新しい黄金時代の黎明《れいめい》がくるでしょう。

この度の皆さんの地上出生に従い、皆さんである我《が》は、特定の諸惑星に連結されました。その惑星からの霊師たちが皆さんの高我と接触を保っております。このことは受胎よりずっと前に、万事整えられるのです。子供の出生前に、ある磁気的・霊的な流れが選ばれた両親の方へ向けられます、その流れは惑星の力とつながっていて子供の親に作用します。親と子を結び付ける鐶は、前の地上生活中に鍛えられたのでした。何となれば、魂はカルマの神々の指示の下に、生命の中心から送り出されるものですから。

ヨハネが黙示録で語る「玉座の周りの七天使」はこの真理にかかわりをもっています。何となれば「玉座の周りの七天使」とは、惑星の方々、地上に生まれる魂を管理する偉大な炎の神霊たちだからです。こうして各々の魂は惑星の諸力を身に照射された上で地上へ戻ってくるのです。

人生には一定の影響が及ぶように定められていて、それによって環境とか状況が作られるわけです。しかし、こういう惑星の諸力と共に、さらに高級の力が存在しています。それは我《が》にひびく惑星光よりさらに明々と燃える神聖な炎であります。この中心光こそ人間たるものの太陽です。これは心臓に鎮座します。心臓中枢が進化過程で発達していくにつれて、各惑星からくる天使たちが、その魂の進路の助力者となって付添うことになります。

皆さんは霊的生命の巨大な組織についてほとんどご存知ない。偉大な教師はこう語りました。「五羽の雀も半ペンスで売られるではないか。神はその一羽さえも忘れておいでにならない。しかし、貴方がたの髪の毛は一本までも数えられているのですよ」と。これは決して誇張した言葉ではありません。生命とは完全に組織化され計画されていて、その一歩ずつが知られ記録されております。行為だけではありません、その思想、向上への思い、すべて記録されます、皆さんが生命の途上に行き交う人々の上に及ぼした行為や思想の結果と共に。

肉体は惑星天使たちの指揮下で構成され、惑星の影響が加えられて作られます。肉体の病気はどれももとを辿れば惑星的な――実質的には、カルマ的な――ものになるわけです。

十二宮のいずれもが肉体の特定の部分と関係しております。また、各惑星は人間の霊的な諸媒体のいずれかと関係をもっております。これら諸媒体の一つ一つは、その媒体の七つの心霊中枢のいずれかと関係をもっています。

これらの内的真理、即ち魂に作用する惑星天使たちとその諸力についての真理は、古代人たちは良く心得ていました。と言うのは、この地球での生命の初期の頃には、これら惑星の方々は人間の目に見え、この方々は神から遣わされた神人であると思われていました。人間が極端な物質的暗黒の中に後退して行くにつれて、人間はこの天使天上界の方々を見る視力を失ったのです。しかし、人間が進化の上昇の弧に戻るにつれ、また、身体の七光が輝いて、人間が生命の大計画のどこにいま居るのかが分かるにつれて、この惑星の天使の方々の存在を認識してその姿を見るに至りましょう。これらの方々こそ、人間の進化と、父であり母である神へと人間が十全の意識をもって帰って行く、その事と深くかかわった方々なのです。

初めに言葉ありき。言葉とは波動でして、この波動から光が生まれました。光とは息子、つまり父なる神の最初の子供でした。この光の内部にすべての生命があるのです。なお、光は七つの光線に分かれておりまして、この七色の光線に基づいて、惑星の天使らは人類への奉仕のためにこられます。ですから、もし皆さんが人々の治病のために、どれか特定の色を統御して、つまりちゃんと集中させれば、その使い方さえ正しければ、その光線の天使と結び付くのです。

天使たちは霊界のある界ないしある境域から、地上世界にその愛を差し向けつつ働いております。天使らは群を通じて、それが地上のちっぽけな生きものたちの場合でもそうですが、群を通じて働きます。その意味は低級な生物の本能は、これら偉大な天使たちの一人の統御と指揮の下に働いているということです。こうして、一匹の動物の意志は、群全体の心に本能的に従っており、群の心は一人の天使の愛と英知の管理下にあるわけです。これは原始人の場合もそうです。自由意志がなにがしか認められるのは、ずっと高度に進歩した人間集団の場合のみです。集団心理を管理する天使たちは、玉座の周りの七人の大天使たちの中のお一人の指揮下で働いています、つまり、中心の光であり、最初の偉大な原因であられる……神、その周りの大天使たちのです。

最初の大原因である、一中心から、無限無数の生命の線が出ております、丁度小さい精妙な毛細管の具合にです。おそらく、我らは大いなる生命の宇宙計画を、ある意味で人間の血液循環になぞらえることができましょう。

生命の光線はいずれも完全に連合し合っております、即ち中央の原因に一つに完全に結び付いております。創造には何一つ偶然はありません、すべてが完全です――完全なリズム、完全な形、細部に至るまでの完全、これです。蝶の羽のもつ色と織目の美しさを思ってみなされ。その美しさをくまなく見たければ、顕微鏡を持ち出して、光をしっかりそれに当てて見なければなりますまい。小さな野の花だってそうです。一本の小さな星のような花を手に取ってごらんなさい、顕微鏡の下におけば、まるで宝石のように見えるでしょう。花びらにはキラメク虹の色がみんな見えるでしょう。もし皆さんが光の世界のハーモニーに同調すれば、花の美から響いてくるそのハーモニーが聞こえましょう。

毎日の生活の中に美を探しなさい。これはこういうものだと物事をきめつけないことです。花の中に、陽光の中に、露の中に、得も言えぬ美を探しなさい。もしできれば、朝早く出掛けてみなさい、露が草に置いていましょう、細いくもの糸に露が宝石のように光っていましょう。小さなくもが作り出すものの美と綾をしっかり見つめなさい――されば、貴方の中に湧き立つものを感じましょう、兄弟というような思い、この美しい物と血がつながっている思い。

大白色霊団の団員は、すべての生きものと自己との関係を承知しています。自己を、小さな虫けらや花や陽光や雨と、同じものとします。これが道です。皆さん。これあってはじめて「社殿」へと入れる、その道です。詩人はこう歌っています。「壁の裂け目より咲き出でし花よ、もし、私にお前の生命が分かれば、神も宇宙も分かるだろうに」と。されば、皆さんには分かるのです。単に心で分かるのでなく、自分を光や生命の流れと同一視することで、さらには、太陽あるいは神の活動と一つとなることによってです。

何か生きるものを目にしたら、その生きものを吟味しなさい、またその霊へ注意を向けなさい。木々の根に、幹に、枝や葉にそれを見なさい。樹液が上るにつれ湧き立つ白い光を見なさい。この同じ現象が花にも藪にも木々にも、あらゆる自然に起こるのを見なさい。常に、すべての生きるものの背後に、内部に、霊を探しなさい。万物の中の神の生命と一つになりなさい。貴方の吸う空気の中に、貴方が飲み浴びる水の中に、それを見なさい。空の中に、風の中に、空気の中にそれを見なさい。火の中にそれを見なさい。この内的な天賦の才を培いなさい。これを、もしそう呼びたければ、想像力と呼びなさい。しかし、想像力とは橋です、物質からエーテル界へと、精妙な世界へと人を導く橋であること、これを記憶願いたい。この天賦の才を使えば、皆さんは自分のためにもなるし、人の役にも立つのです。それは皆さんの中に調和を生み出し、生活に美を生み出します。何となれば、皆さんが見たことも聞いたこともない世界がそこに現れてくるからです。

ですから、自分の枠から一歩を踏み出しなさい、制約と限界の具である我《が》を一歩出るようにしなさい。自分自身を越え、脳髄の限界を越え、想像の翼に乗ってすべり出なさい。皆さんは自由になります、真実の光明の地である黙想のこの地に立って、皆さんには物質生活の背後が見えます、そのとき同胞の真正の意味を悟りましょう。キリストのようなものにならねば、心をつくし魂をつくし精神をつくして奉仕することはできない、このことを皆さんは知ります。貴方は生命の大海から寸分たりとも離れてはいない、このことを知りましょう。植物、動物、人間、いずれたりとも貴方が同胞を傷つければ、貴方もまた傷つくのです。

もう一度、素朴なイエスの教えに戻りましょう「幼子たちよ、互いに愛しなさい……互いに愛を」

皆さん、私たちは愛において会いました、また愛において別れます。しかし、いつも愛の鎖が私たちの心と心を結び付けています。皆さんが互いに愛を持たれるよう、生命の大いなる兄弟のつながりを大事にされるよう。互いの人間的な過ちには目をつぶりましょう、寛容でありましょう、それはやがて消えるものです。その時、皆さんは知るでしょう、互いが天にあってそうであるように、互いはまさに完璧にして真実の光の兄弟であることを。

The Gentle Brother

優雅な友

グレース・クックの序

本書はホワイト・イーグル・ロッジの団員に、イーグル霊が語った言葉の抜粋です。特に日常生活で精進する人々への指導助言の中から選ばれています。この「優雅な友」の抜粋は、永い間、機関誌「ステラポラリス」でも一番愛好されたものでした。それで、たくさんの方々からまとめて出版したらどうか、ポケット版とか、枕頭の書のようにして出したらどうかとすすめられていたものです。

ホワイト・イーグルには、個人的な質問に、たちどころに照準を合わせるような技術がありまして、直ちにぴったりした聡明で役立つ答えが返って来るのです。永い間、イーグル霊は多数の人たちの友でした。彼の声をご存知の方はあの優雅な話しぶりを、威厳のある声を思い出されましょう。彼の英知の基本は世界の聖典にあります、特にキリスト教の四福音書にあります。

ここにホワイト・イーグルの書を世に送ります、イーグル霊の愛と祝福をこめて。

第1章

善意を持ちなさい

できれば一人一人の方に話したい気持です。我らには皆さん以上に、皆さんの個人的な悲しみや重荷や心配事が分かっています。皆さんは個人的な小さな雲の中にいます。皆さんは友や家族を欲しがっておいでだ。おそらく皆さんは淋しいのだろう、だからもっともっと心の中でも生活の中でも、愛が実るよう実現するようにと望んでおられるのだろう。おそらく皆さんは挫折感を感じ、自分ではできると思っている霊的な仕事ができないことを感じておいでだ。こういう思いや感じは、つまらぬもので、折々身のまわりにかかる大きな雲のようなものです。

我らには自分たちの過去の経験からして、また今後の皆さんのありようからしてちゃんと分かっております。もし、たとえばですよ、皆さんの両手を父であり母である神の御手の中に置いてみなされ。父なる神は貴方の片手を取られ、母なる神は貴方のもう一つの手を取られましょう。ここに父と母と貴方との三者の輪ができます、その時、光が貴方の人生を照らすのです、貴方の恐怖はここに消えましょう。後になって皆さんにはきっと分かります、あの黒雲には銀の裏打ちがしてあったと。思うことはここに成り、幸福と奉仕とがありましょう。

しかし覚えていただきたいことは、神はお急ぎにはならないということです。皆さん、我らは神の歩調に合わせねばなりません。忍耐をもってせねばなりません。もし我らが辛抱しなかったり、よい潮時を無視したり、逃げ出して別の楽しみや享楽に目を向けるようなことになると、とんだ時間の浪費をすることになります。というのは、もう一度同じ事を繰り返す破目になるのです、我らが辛抱と魂の静寂の教訓とを、もう一度学び直さねばならぬその地点まで後戻りしてです。

しかしながら、我らが感謝と信をもって定められた道を、もし〝ひたすら守り、これ守りつづけれ〟ば、我らは果報を得るでしょう、その事は成りましょう、世間が与え得ない果報を手にし、俗世が取り去り得ない平和を手にできるでしょう。

◇　◇　◇

こうして我らが地上に来て皆さんと共に在る間は、我らは皆さんの生活や思いや悲しみと一緒になっております。しかし、我らが霊界に戻る時、我らは皆さんのそういうものを一緒にもっては行きません。その代り、我らは幸福と愛とを皆さんにもってきます。

我らはできる限り、皆さんがこの調和と真実の世界へと、入り込んでこられるよう望みます。皆さんがその世界に浸されるようにです――スポンジは浸されると、水で一杯になります。ああいう具合いにです。皆さんはその高い世界の光と調和で満ち満ちましょう。されば暗黒は皆さんに何の力も振るい得ません。

多くの聖者たちは、たとえ生活は比較的貧しくても、莫大な幸福を知っておりました。地上世界には、心の中の神の愛ほど重大なものはありません。いざ肉体を去れば、皆さんの後には物質的なものは何一つ残りません。その時、皆さんの心が愛と平和で満ちておれば、皆さんは天界に入りましょう。だが、心が空しく不満と不幸であれば、皆さんは天界などには入れません。これすなわち、主が心中の神の愛ほど重大なものは何もない、と申しておられる、あれです。物質世界の物事はすべて過ぎ行くものです。それは消えます、それは重要ではないのです。ただ内在の光に、静穏に心を集めなされ、霊の喜悦にです。その時あなたにはすべてのものがあります。

賢者はかように申します、賢い人は生活のことを思い煩わず、他界した者たちのことで歎き悲しまないと。彼らは死がないことを知っています。彼らは父なる母なる神が、愛の目をもって地上すべての子らを見そなわし、守護の天使らを遣わしておられるのを知っているのです。

◇　◇　◇

人が身につけねばならない一番むずかしい教訓は、全知であり愛である親なる神に従うことです。人間関係の中に、どうしても納得のいかないことが多すぎるのです。不正、これを辛抱せねばならぬことがゴマンとあります。だが、それもほんの辛抱の問題です。不正にバランスをとらせるために、人間生活には償いということが起こります。人は長い目でものを見ねばなりません。皆さんよりずっとよくものの見える霊界人たちはかように申します、曲がりくねった場所はまっすぐされるものだと。されば辛抱です、長い目でものを見ることです。信を神におくことです。不正は一切まっすぐにさせられるものです。

善意の心をもちなさい。皆さんは誰しも、いつか時きたればこう言うでしょう。「神が因果の法を働かせたもうお手並みの見事さ」と。

キリスト神霊の神秘なる力が、世界に働いております。人間生活を全きものとするために、ゆっくり黙々と、見えるものの背後に作動しております。この神秘力がすべての人間を高めましょうし、また高めることができる、この確信をしかと胸に離さぬことです。されば、皆さんは神法に調和し協同して働くその人であります。

皆さんは白色同胞団の方々の愛に包まれており、喜びと感謝と安全に満たされています。さればすべて良しです。何の心配もありません。されば自分の務めを果たしなさい。ただただ進みなさい、心静かに日々を、この嬉しい確信をもって。人生は手に手を取り、心と心をつなぎ、かの光り輝く方々と一緒に、皆さんと共に働く同胞らと一緒に、ただ進み行きなさい。

神は貴方のそばを離れは致しません。この信をおもちなさい、それがすべてです。貴方の中にある光、内在の声が、貴方に正しく貴方のなすべき事を教えてくれます。されば、その義務を果たしなさい。そして、怖れを捨てて主の顔を直視しなさい。

◇　◇　◇

人間の進むべき道とはただ一つ、神を信じることです、神の全知に信を置くことです。貴方がもしこの神の確信をもつなら、人生はそのとおりになりましょう。これこそが良いものだと分かりましょう。愛によって、そのような人生が貴方のものとなります。されば、貴方の人生には、良いものが、成長が、光と進歩が現れましょう。

神を信じることは、貴方が絶対の平和の中にあるということです。貴方の目には、人生が進歩の道に見えます。醜いもの、自己を悩ませるものは、終局において人生の美と完成をもたらす条件、そのように目に映ります。

神に信をもつ限り、人は俗世の何ものも手の触れ得ぬものとなりましょう。ひとたび神に信を見出しさえすれば、人は困らされ悩まされることは何一つないのです。

神の愛と英知、そのほかに何物も真実はございません。「しかし、悩み事は現にそれに苦しむ者には真実ではないか」と皆さんはおっしゃる。だが我らはこう答えます、現に苦しんでいる者が、神の愛と善意に身を委ねれば、救いが見出せるのであると。苦とは人が神の存在に気付かぬために生じるのですから。その人は神の愛から離れております、遠ざかっています。

肉体と物質の制約に縛られている間は、苦の問題は理解し難いものです。もしこれらの制約から自由になれれば、かりにまだ肉体の衣を着けた状態のままでも、その人は理解します、その目に苦の本来の姿が見えてきます。しかし、これには絶えざる神の理解の熱意が不可欠となります。神の立場から物を見る決断、つまりは神の道を歩きつづける絶えざる試みと注意、そういうものが不可欠です。

神の王国は皆さんの内部にあることを知りなさい。また、皆さんは太陽のキリスト神霊の王国に住んでいることも知りなさい。もし皆さんが内在の完全な生を理解できれば、そのとおりのものが貴方の人生に、貴方の生活環境に現れてきましょう。それが大自然の法です……上にあるように下にもあり、下にあるように上にもありです。

◇　◇　◇

神あるが故に、万事が可能なのです。ただ、神の子は父なる神と一つになって完全であります。神に素朴に身を委ねることの外、何の疑い何の恐れがありましょう。いわゆる奇蹟はこのようにして行われます。ただ、神と人とのつながりがうまくいくかどうかは問題ですが。頭の中ではこの事はご存知のところですね、聖書ですでに読んでおられる事ですから。だがハートでは分かってはおられません。そうするには辛抱づよい適用、へりくだった捨身、それが大事です。この神法を実行してみることです。大白色光の仲間たちは皆、父なる神との一体化を実現するように学びます。

決して疑いなさるな、疑えば貴方の神の座が下がります。決して同胞団の方々に疑いを抱かれるな。決して、神力と神法を疑ってはなりません。肉体自身は弱いものです、しかし、霊の方が強靱《きょうじん》となれば、肉体には光が満ち、聖なるエネルギーで充電されます。

主の次の言葉の実現を皆さんすべてが体験されるように、「父はわが内にあり、われは父の内にある」と。聖にして永遠なる霊と共にある習慣を養いなさい。されば、貴方は光に満たされるものとなりましょう。皆さんは、霊の道を上昇するにつれて、内在の神の力が自分の全身の一新と改造に使われることを知るに至りましょう。人間の内部には、肉体原子をも変化させる力が存在します。何となれば、肉体原子とは霊的原子ですからね。これら小さな光の火花たちは、目に見える生命体の背後にある力であります。これら原子は神の命によって変化させられます。全生命は大白色光の指揮管理下にあるわけです。

何のために地上に肉体をもって生まれるかというと、皆さんが日常生活の中で霊的生命を発揮させるためです。困難は分かっております。肉体ががっちりと貴方をつかまえて離しませんからね。肉体があるから、恐怖も苦痛もあれば、心や魂の不調和もあるわけですから。イエスの言葉にこうあります。「立ち上がりなさい、寝床を（物的生活を）取り払って、歩きなさい」と。光の道をお歩きなされ。貴方の真相を強く求めなされ、その時、物質の闇を貫いて勝利は貴方のものとなりましょう。

◇　◇　◇

日常の必要物になぜ恐怖をもつのですか。神が愛であることを知らぬ者が生活に怖れをもちます。しかし神の子は怖れをもちません。もし、皆さんが家畜のように追いたてられ、魂も上の空で恐怖と心配で一杯であれば、同胞の人たちの必要に奉仕することはできません。地上に平和をもたらすただ一つの道は、個々の魂が平和の中心となることです。これが物質生活を支配超克する秘訣であります。

それ故に、日々を平和の君（キリスト神霊）に身をつなぎなさい。もやもやとごたごたのままで平和の君の中に入るつもりですか。まさしくそれでは近付くことも叶いますまい。もし近付こうと望まれたら、先ず貴方自身の中に平和がなければなりません。静穏と謙譲と愛をもって貴方は近付かねばなりません。

イエスはかように申しています、「誰しも二人の主に仕えることはできない……貴方は神と物神に仕えることはできない」と。物神とは必ずしもお金や物のことではありません。世俗の心、これです。智力を鼻にかけたり我《が》の強さ、これです。物神を崇拝する者は、自己の力量を信じます、自己を偉大なものと考えます。賢者は神のみが偉大であると知っております。

神すなわち善に従いなされ。柔和な道を進みなされ。右の頬を打たれたら左の頬を差し出しなされ、直観に従いなされ、愛しなされ。されば、貴方は道の選択を間違ってはおりません、神の道を選んでおるのです。我《が》や高慢は物神に頭を下げることです。それは堕落です。未来の悲哀の種を播《ま》くことです。

恐怖は低級な心がもつ弱さです。低級な心は限界とか失敗とかを考えます、低級な心は霊的な力で世界は救えないと考えます。このような否定的な考えに身を置きなさるな。神は全き愛、全き智と知りなされ。神の力は無限です、神に失敗はありません。人は不要な苦をもち込むこともありましょう、しかし神は常に働きたもう、偉大な医師のように、人の傷を癒し給う。否定的な面に心を奪われなさるな、分からないことは横に置いておきなさい、しかし、決して神の愛に信を失ってはなりません。

さてこれをもってすれば、永遠の静かな平和が、つまりは霊の静穏が皆さんと共にいかなる時もありましょう。

第2章

合言葉

我らには皆さん一人一人の問題が分かっております。皆さん一人一人の心、直面せねばならぬ闘いや困苦を承知しております。皆さんの人生で皆さんの足を傷つける石は、先ず我らの足を傷つけた石です。皆さんは霊的な道を進めば、無量の喜びと幸福を手にしましょうが、また、悲しみ傷つき落胆の時もきましょう。人間性には二つの面、つまり高級なものと低級なものの両面がありまして、この両者の相剋からそうなるのです。皆さんがこの道に足を踏み入れる以前には、人生はさほど複雑ではなく、責任だとか内的光からの強い要請、つまりいわゆる良心の声を感じなかったのです。しかしひとたび人間の真実を悟り、高級我《が》が目覚めますと、その結果が外に現れてくるのです。しばらくの間は幸福で過ごします。やがて人間的な問題が起こってきて、じっとしておれなくなり、いかにすべきかと強く問いかけます。これ相剋ですね——もうのんびりはしておれなくなります。

そういう経験をするからといって、がっかりしないように、それは健康な経験なのですから。いままさに、五感の喜びでは得られない、さらに深い喜びと幸福に触れようとしているのです。その相剋とは価値あるものです。足をしっかり地につけ、神に目を向けなさい、神の力と助力を祈りなさい、けちな低級我《が》の誘惑に打ち克つためにです——肉体の誘惑、いやそれだけでなく、ごう慢、高慢、かんしゃくの種となる心の誘惑、これに克つためにです。これは直面して克服せねばならぬものです。

簡単に申せば、皆さん、我らが兄イエスの姿に、あの美しい人格と態度に習おうではありませんか。それは理想であって、地上では不可能なことだと、こう人は言うでしょう。それは真実ではありません。皆さんは霊的進歩の過程にあって、いつかは、その肉体その地上での人格を通じて、神の子たる全性質を発揮してみせねばならぬのです。故に現に今、その心その言葉その行為を通じて、キリスト神霊の光を発揮せんものと、絶えず熱い志向をもつようになされよ。

◇　◇　◇

修習すべき教訓の中で一番難しいのは忍耐です。焦りのために霊性進化過程の多くの魂が後戻りします。されば過去の神秘学派では、弟子たちは猪突猛進の愚を常に教えられました。熱心さのあまり目が見えなくなりますから。それ故に、人はのみと槌をもって忍耐強く自分の石を刻まねばなりません。辛抱と時間をかけて、はじめて石は立派な品物となるのですから。

辛抱ということを学びなさい。こうして皆さんは力を生む平安の中に入るのです。

第二に申したいことは愛です。皆さんは愛の方が先だと思われましょうけれども。しかし、愛を学ぶには先ず忍耐が必要なのです。ここで愛と申しても、感情や情緒の愛ではありません。愛とは霊から出るものです。この霊から出る愛によって、皆さんは他者の中の霊を認めるのです。愛があれば人を裁きません、決して責を相手に着せません、神のみが相手の心の中をご存知だからです。思い違いはあまりに多いことです。慎みなされ常に。このことがお分かりいただけねば、いつかはその事が起こった理由が分かる時がくる、このことを知りなされ。

愛がなければ、力は破壊をもたらし、自分も亡ぼします。力を求める力の火は魂を消耗させます。だが愛の温かさは生命を与えます。「私は愛しております」と、口で言うだけでは不十分です。愛とは行き会う一人一人の魂に、心底から自ら進んで何かをするものです。貴方がそうであるように、他者も光に向かってもがいております、かように知りなされ。

この精神を日常生活に生かしなさい。他者との交わりに愛を失わないようにしなさい。

◇　◇　◇

霊的進化の途上には、一見して多くの矛盾があります。よく注意すること、話したりおこなったりする前には考えること、こう言われます。後に道が進むと、すすんで事を行うように、とっさに素早く賢くあるように、これを学べとそう言われます。現在の皆さんは、慎重に言葉によくよく注意することを学ばねばならぬ段階にいます。賢者というものは沈黙を通して多くのことを学ぶものです。話すべきこと、話さずにおくこと、この間の区別をわきまえている人は、何という賢者でしょう。また、人の語る言葉によく耳を傾け、背後の霊の言葉が分かる人も賢者です。賢い年老いたふくろうの話をご存知でしょう。木の上に坐って、よく見、よく聞いたというふくろうです。賢くおなりなさい、黙しておいでなさい、よく耳をひらいておいでなさい。

皆さんは霊界の声を聞きたいと思っておられる、つまり、他界の愛する者たちの声、皆さんの守護霊、指導霊、後には霊師の言葉を聞きたいと望まれる、そうですね。それでは先ず、地上の人々の声をよく聞くようにしなさい、貴方に話しかけている人に全注意を傾けなさい。それからまた、鳥や動物の声、木々を渡る風の歌、雨だれや河の流れの音、これらに耳を傾けなさい。アメリカ・インデアンは子供の時からこういう方法で訓練されました。こういう訓練のおかげで、彼等は物理的な音だけでなく、地上のものらの背後にある音、すなわち見えない世界の音を聞くことができました。彼らは守護霊と指導霊の声を聞きわけることができました。また自然霊たちの声も聞くことができました。こういう騒がしい都市にあって、皆さんがそれらの声の一つでも聞くことは難しいことです。しかし、皆さんはその声を聞く訓練をせねばなりません。

◇　◇　◇

皆さんが不正を目にする時、当然そこに義憤を感じます。それは人間として自然の情です。人が愛について学び始める当初においては、弱きを助け、悪を正す、この心情が自然に起こるものです。それは分かります、しかし皆さん、一歩しりぞいて聖書の次の言葉に思いを向けてみましょう。「悪にさからってはならない……悪は善によって消しなさい。」

その意味は、悪を見て見ぬふりをせよということではありません。それは、貴方の心を、生活を、周辺を、善によって愛によって光によって満たしなさい、ということです。そうすれば、悪は光によって消されていくのです。

闇を取り去る正しい方法とは、この闇に光を当てること、これです。光を見たことのある者は誰しも、悪を取り除くには、自分みずからの生活に光を発揮すること、自分の得た真理をやさしく相手に示してあげること、これです。もし、光を世に進めるに当たって、協同したりグループを作ったりできる、十分な仲間たちがあれば、もうあれこれ抗議をする必要はありません——光はあらゆる人の心に浸透しましょう、悪と闇のある所に善と光が差し入りましょう。これが悪を克服する真実の道です。

個人の場合でも、もし貴方が何かの摩擦、それが自分のことでも人様のことでも、何か不都合があったら、愛と善意をもってその不都合に対処しなさい。不正に目くじらを立てなさるな、それは失敗の元。これまでもたくさんの人が私にこう言いました。「ホワイト・イーグルさん、私は我慢ができないのです、これはひどい不正です」と。しかし皆さん、神は正義です、神は終局において正義を明らかにして下さる、この事を皆さんは確信することです。だが、神の正義の無理じいはできません、不可能です。人が法に従い光に従いさえすれば、かりに不正が身に及ぼうとも、犯されることはないのです。不正をこうむる者は、神の愛である英知があるので、これに身を委ねれば安全なのです。もし貴方が神を知るなら、貴方は絶対の不正がないことを知りましょう。

我らが皆さんへの愛にかけて、我らは皆さんに保証します、道はある、唯一つ愛の道があると。細かいことは捨てておきなされ。大局に立って目を開きなさい。細かい事柄が立ちふさがることもありましょう。だが、難なくそれは処理できるものです、もし皆さんがこれに取り合わず、大局に立ってものを見るよう鍛練をつめばです。細かい事でへこたれなさるな、大局に立って頑として譲りなさるな。

◇

◇

◇

霊的法則によると、人は受けた奉仕には支払い、行った奉仕には報いられる、その定めになっています。古代の密教の学派、すなわち同胞団には次の言葉がありました、団員は自分の仕事の支払いを神殿に受け取りに行かねばならないと。これは因果の法を別の言葉で表現したものです。

皆さんは胸の奥で残念がったり、くよくよしたりする事は何もありません。「私はなすべき事をしたのか、それとも間違った事をしたのか。」間違った事とはカルマの法が命ずる支払いに自分が正しく応じなかった、その事だけです。それ故に、これはけしからんと思う事があっても、腹を立てなさるな。自分の境遇に不平を言いなさるな。自分を悪く取扱う人間がいても、自分の思惑どおりにいかぬ人間がいても、ぶつぶつ言いなさるな。人は誰しも狂いのない因果の法の下にいるのです、これをしっかり腹におさめられよ。昨日のことでも今日のことでも、貴方が人にしたように、貴方は正確にその報いを受け取ります。それが同じ人から、同じお金でとは限りませんが。貴方がしたことは何事によらず、そのお返しを受け取ります。それが善悪いずれであってもです。貴方はこの正義のカルマの法を逃れることはできません。貴方が愛によって、奉仕によって事を行えば、それが物質的な奉仕であっても、適切な折にその報いを受け取ります。

これはけしからん事だったと思う出来事があっても、くよくよしなさるな。あのやり方はまずかったと、いちいち頭を使いなさるな。貴方はそのおかげで勉強したのだし、そうせねばならなかったのでしょう。これは大事な点なのです、地上の皆さんが学ばねばならぬ事だし、経験して初めて学べることでもあるのです。決して疑ってはいけません、皆さんは最終的には黄金の実りを手に入れるのです。その時には報いが不当で辛く思えても、つつしんで教訓を学ぶ姿勢を保つなら、貴方の霊にその事が役立つのです。それによって貴方は一歩を、最終の幸福、終局の完成に向かって、多くの歩を進めていくことになるのです。「目はいまだ見ず、耳はいまだ聞かず、人の心もいまだ知らず、かの神を愛する者たちのために神がそなえ給うた、かの物を。」

◇　◇　◇

常に永遠なる光の中で物事を考えなさい。何かうまくいかぬことが生活の中にあったら、謙虚にそのすべてを光に委ねなさい。人が自己を光に同調させる時、万事がうまくその生活にも、自己自身にも現れるのです。この人は肉体の制約から永久に自由に放たれる者となるのです。

静寂と平和が、高処に、山の頂きにあります。それこそ力、英知、人間生活の背後にある愛であります。同じく、皆さんの心の深部にもその静寂があります。それこそ力、英知、皆さんの生命である愛であります。その内在の光に顔を向けることを忘れなさるな、救いの時、指導を求める時。その内在の光の中で、皆さんは同胞団の方々に会いましょう。これらの方々は物質生活の背面で、悩める人類に向かって、宇宙からの光を投げかけておいでになる。彼らは——同胞団の方々は——決して疑いません、決して暗い面に顔を向けません。彼らは同胞団員ですからね、光の中に住み、光と共に働き——彼らは光なのですから。その姿に、その教えに従いなさい。恐怖とか疑念とか失敗とか、そんな事は考えなさるな、そんな言葉をいやしくも使いなさるな。光の中で、光と共に、考え語り行為しなさい。新時代は大白色同胞団の計画どおりに建設されると確信をもって——作り手が、建設に従事する者達が、真実である限り。

同胞団の者たちは誰しもが、万事うまく善に向かって進んでいると心得ています、光がいずこにあっても闇を吸いつくすと、こう考えています。

第3章 人は神にあり、神は完全である

白光の同胞団は、人間の進化、幸福、福祉と密接にかかわっています。我らは幾多の地上生活の経験を重ねており、従って、必要に応じてこれら人間経験を思いだすことが可能なのです。だから、皆さんのように物事を感じることができます。皆さんの欲求不満、制約感、心配、恐怖、何でも分かります。肉体の痛みも精神の苦悩も分かります。我らは皆さんの分身、皆さんの中の一人、皆さんのすべてと一つです。

しかし、我らは皆さんを愛する。愛するが故に、我らは皆さんの課題や困苦を取り除いてはあげません。そうすることは皆さんに親切でも良い事でもないからです。我らはただ皆さんのそばに立ち、力と愛を皆さんに与えます、皆さんが徐々に試行錯誤で学習をしていくその間にです。もし、皆さんが光の道を踏んで、霊の教えに耳を傾けて、うまく苦難の処理ができれば、その結果として皆さんの魂は喜びを受け取りましょう。もし我らが皆さんの課題や困苦を取り除いてあげたら、得られようのなかったその喜びをです。皆さんが正しい道を見、これに従うその度に、また皆さんが隠れた内在の生命に触れるその度に、光が皆さんの心と魂に拡がります。生命が新しい姿をとって現れます。されば、皆さんは今まで見たこともなかった優れた光景、光り輝く美を、霊の目と肉の目と、両の目をもって見るのです。されば皆さんのハートは歌うでしょう。

◇　◇　◇

直感も心も、常に世俗的な思いにとらえられないようになさい。霊的な精神が低俗な精神を支配するようにしなさい。生活も生活上の出来事もそういうふうでありなされ。それは「世間ばなれする」そういう意味とは全く違う。皆さんが精神によってものを考えるようにすれば、皆さんは絶えず、人生を完全に導く力であり給う神と共にあることです。また、心を開いて幼子のようになって求めれば、必要な英知は手に入りましょう。しかし、求めるといっても、誤った求め方をしてはなりません。正しい道とは、神を信じ、愛であり英知である神は、人の心の真奥の願いを聞きとどけ給うと知ることです。

祈りとは自己を、博大な愛の精神と一つに完全に同調させることです。その愛の上にありなされ。そこに生き、それを思い、自分のことなど、また世俗の思いなどはもちなさるな。我《が》は空しいものです。我《が》からは、永続する力も、英知も、愛も生まれることはありません。

ただ、天地の中心に貴方がつながる時、天界の光に触れている時、貴方は偉大な者となるのです。何となれば、そのとき貴方は意識的に神と共にあり、神は貴方と共にありたもうからです。されば、すべての事が良き方に向かって働きましょう、貴方が良きものと、即ち神と共にあるのですから。

◇　◇　◇

後を振り返りなさるな。過ちをくよよ歎きなさるな。どんなにそれが痛いものでも、一つ一つの経験に感謝をお持ちなされ。それのおかげで、貴方は物事が一つ分かるようになったのだから。

目も心も、物質世界の上方に据えて置きなされ。我らは止むを得ずこういう言い方をする、しかしながら、同時に我らは、霊と物質が一つであることをしかと心得ております。皆さんはまだそこまでいっておりません。人間は霊を発揮して生きねばならぬものです。人間とは形をとった霊なのです。しかも、その形とは霊から構成されているものです。従って、人間の外的な生活とは、本人の霊性発揮の程度いかんの表現なのです。いやまた、その生活の姿、肉体が表現するすべては、純潔完全な創造主の生命と光の表現でもあるのです。

皆さんが、我らの言葉をよく噛しめて下さるよう望みます。皆さんの今後の仕事、個人にしろ全体にしろその幸福は、根本のこの真理に係わっています。もし皆さんが鍛練をして、つまらぬ事は捨て置いて、大事な霊の観点を守って生きられれば、必要とする真正の援助と指導が得られましょう。あまり物的些事に首を突っ込まぬことです。でないと、無限供給の源から切り離されます。

良い思いのために費やされた時間は、決して無駄にはなりません。

低級な心、俗界の考え方、それにひき込まれないよう毅然とする度に、自らの高我の光にしっかり応える度に、貴方は霊性を強化しつつあります。さらにはまた、地上の光明の力を増大させつつあります。

◇　　◇　　◇

皆さんが心の奥で我らに呼びかける時、我らがこれに答えないということはありません。しかし、皆さんの方は必ずしもその答えを耳にしないのです。皆さんには一層の信、一層の確信が必要です。疑念とか俗世の恐怖とか、そういうもやもやを切り捨てねばなりません。皆さんは信じようとしておられる、だが、それがいつも確固としないのです。皆さんは暗い土に根を張った若い植物のようです。青い芽を外へ出そう出そうとしているのです。この成長が、日常生活を生きる目的です。しかし、これには内在の霊から出る、強靭なあくなき努力が必要とされます。

人間の中にある暗部を見てたじろがぬようにしなさい。むしろ、生命への哀れみを養いなさい――優越感ではなく、優しいいたわりの憐れみです。それは難しいことは分かっておる、だが、どうでもそれを養ってもらいたいのです。生活の中に高いものを表現して貰いたいのです。日毎、生活を始める前に、それを実践して貰いたい、かりに五分間でもいいのです。活動を止めて、静かに神にその恩寵と愛を願いなさい。心を霊に向けなさい、皆さんを見守り助けてくれている、人霊と天使の霊とにです。このような霊的な生き方を貴方の生活としなさい、それが貴方のものとなるようにです。朝のうちの五分間でもいいのです。眠りに就く前の数分でも結構、神と共に居る実践をしなされ。そうして、願わくば、周辺の無知や暗闇に巻き込まれなさるな。暗闇の中で生きては何の益もない。光に目を向け、光の大いなる通路となるよう祈りなさい。意気消沈させようとする、低級な心に耳を傾けてはなりません。神は全き善、全き愛、全き英知でありまして、されば神に愛を向ける者には、万事が善き方へと進むのです。落胆してはなりません。どんな事があっても、否定的な面に身を置いてはなりません。そこからは何一つ善いものは生まれないからです。常に建設的にその力を働かせることです。信じなさい、善い事が起こる、一番善い事が起りつつあると。さればその通りになります。

霊に関することは、声高に我らは語りません。山の上から叫ぶような事はよろしくない。されば、静寂を我らは守ります、皆さんは我らに、我らは皆さんに対して。皆さんの心に愛が満ちれば、それは神からのものですから、我らは皆さんに感謝申し上げる。皆さんがその良い親切な思いによって、どれ程のものを受け取るか、我らには言いようがありません。

◇　◇　◇

皆さんが力を養い、釣り合いをもつようになることは大事なことです。平静な心をもつようにすること、自分の小さな傷、過失、失敗にうじうじといつまでもせず、人々の福祉に向かって外に目を向けることです。多くの人が内省のために無駄な時を使いすぎています。これでよかったのかしら、あれではまずかったのではないか——進歩にあまりにこだわりすぎているのです。だがこれは弱さでして、克服しなければならないものです。少々の失敗があってもさしたる事ではありません。大事なことは、貴方がいま何を考えているのか、人類にどれほどの奉仕をしているか、これです。

皆さんは霊界をも霊友をも愛しておいでになる。だが、皆さんが正しいものの考え方をすれば、どんなに彼等が喜ぶか。これが分かれば、皆さんはもっともっと幸福になります。それは貴方本人の人生の諸問題や苦難についてだけでなく、他者に対するそういう苦難に対してですよ。人によってはそれが難しいことは分かっております。しかし、そのうちに自分から進んでそうするようになるし、生活の一部になります。

年とともに、貴方の心の中の内在の光がいよいよ輝きますように。その光を乏しくしないことが、皆さんの聖なる責任となりますように。

◇　◇　◇

霊の存在が身近に感じられないことが時々ある、これは何故だろうと皆さんは思っておられる。時には、それがありありと感じられることもあります。

時には、空虚で重たい感じがしており、また時には、山の頂上にでもいるようで周囲が爽やかで光っている、これは何故なのでしょう。そういう爽やかな時には、皆さんは霊界からの明晰な印象を受けることができます。指導霊の存在も感じており、万事がとんとんとうまく運んでいくのです。

重苦しく感じるのは、文字どおり心霊の霧の中に入っているので、霊の陽光が射し込まなくなっているのです。そういう時には、全力をつくして次のような意識を持ち続けなさい、太陽はそばにある、助力の霊たちは身近にいてくれていると。これには霊的精神的に多大の忍耐を要します、何となれば平静さとか本人の人格が大いに関係してきますから。自分を鍛練して、混沌の反射鏡とならぬよう、霊的実在の不動の確実な反射体となられるよう。

活動の時と休息の時とがあります。ゆとりをどうやって作るか、何時もつか、これを心得ることは良いことです。また、ゆとりと意気消沈とは違います。これを見分けることも大事です。人は心が駄目になって崩れることがあります。それは平静さを失ったのです。されば万事がうまくいきません。ゆとりを持っている時には、霊がしっかり統御をしているのです。それを恐怖とか意気沮喪《そそう》で追い出さないように、それは船から船長がいなくなることと同じです。

自分の高我に保証をさせなさい、「私はわが船の船長として止まろう」と。これこそ、霊性進化の王道を歩むものであります。

偉大な霊師がそこに居られると観じて、しばしば黙想をしなさい。そういう光輝ある姿は、貴方の霊体が変化しないと考えられないものではありますが。貴方がそのように黙想すれば、貴方の全存在が霊師の光輝の中に参入いたします。

◇　◇　◇

他者の生活に安らぎを与えたいと思う人は、即ち人の悩みを取り除き、「悪魔よ去れ」などの言葉を使いたいと思う人は、先ず自己統御を学ばねばなりません。

イエスは、自分の内在の力を完全統御しなければ、見えない力は統御できないことを承知していました。されば、宇宙の神秘に参入したい人、人間関係の複雑さが分かっている人は、あれこれ人を導くよりも、先ずもって内部を見てみねばなりません、つまり自分の家を整えねばならぬということです。

皆さんはこう教えられています。人が正しい考えを持てば、善の勢力の中心点となり、その力が生活に作用するのであると。だが、これ以上のものがあります。皆さんがイエスの単純な教えに従われれば、その秘義がお分かりになろう。皆さんが、愛を抱き、神に従うなら、神は皆さんを通じて働きたまい、皆さんは誤りを犯すことはないのです。愛は誤ることがありません。愛は悪を知らず、不正を知らず、愛は弱いものでなく、高慢でもありません。愛は与えます――愛はまた抑制を心得ています。

霊視能力の開発を望む人は、己が内部の聖域を求めねばなりません。自己を精妙な心に同調させなさい。こうして得られたものは、想像の断片ではありません――真実のものです。

心霊力は有用なものです。ただし記憶して貰いたいのは、それは地上のすぐ近くの境域での働きにすぎないのです。霊力の方は限界がありません。心霊力の発現は、肉体の条件、つまりはある種の人間的な条件にかかわっています。しかし、霊力（訳者注・魂の浄化により高級霊と感応して生じる一種の霊覚的霊能）の方が発現すると、見えない世界に透入し限界がなくなります。誰にでも霊能力は潜在しています。ですから、皆さんが聖なる水を飲むことを求めるにつれ、その霊能は百合の花が太陽に向かって開くように、花開くのです。

皆さんは水蓮が霊的進化の象徴に使われるのを耳にされるでしょう。水の面に咲く水蓮は、霊能開発の古代のシンボルでした。もし霊能の養成をしたいと思われたら、先ず、目と耳を閉じ俗世を遮断しなさい。次に、幻像を、すなわち調和のとれた美しい庭園の像を心に画きなさい。その庭を奥の聖域へ向かって歩いて行きなさい。広やかな門をくぐり抜け、庭園の中へと入ります、静かな池が見えます、清らかで何と美しい……静かな霊の水は水晶のように透明です。貴方はその水をのぞき込むかもしれませんね、そこに自分の本当の姿を見るでしょう、霊の水は人をあざむくことはありません。その水の面に、水蓮が見えます、純白で、黄金の花芯があります――白と金は清浄と英知の象徴です。この完ぺきな花を黙想して静かにそのままでいなされ。

◇　◇　◇

さて、貴方と共にいる一群の霊姿に目を向けなされ。周りに、光り輝く姿が見えましょう。天使らの姿です。貴方の個人的な愛する者たちが近付き、貴方と一つになります。神の宇宙にあっては何の別離もないことを、とくと見なされ。貴方は神の中にある、神は貴方の中にある。貴方の守護霊は貴方の中にあり、貴方の分身であり、貴方はまた守護霊の分身であります。別離などはどこにもありません。すべては神のものです。神において何の別離もありません。皆さんは神の中にあり、神は完全でありたもう。

皆さん、生命である霊の水辺へおいでなされ。物質的な一切の不運不幸は払い落としなされ。そうして、唯一つの真実を悟りなされ ―― 皆さんは神の中にあると、神は一切を単純にしたもうと。神の恵みを！

第4章

まず神の国を求めよ

皆さんには、それぞれの苦しみと悲しみがあり、その人それぞれの恐怖があります。私共はそれを取り去ってあげるわけにはまいりません。しかし、皆さんが自らを助けるよう、皆さんを助けることはできます。皆さんが世俗の生活の暗闇や重荷、それから立ち上がれるように助けることはできます。

皆さんおのおのは、魂の完成という自分のゴールに向かって努力しておられる。その事が皆さんの心に愛と喜びをもたらすのです、また健康を生むのです。

病気、孤独、苦難、これらは自分の魂が招き寄せたものです。人には中々このことは理解し難いことですが、それはその通りなのです。自分の苦難を人のせいにしなさるな。常に内部に目を向けて、自分の心の内に神の愛を求めなさい。されば、自分を制約しているもろもろの原因が払い清められていきましょう。されば、おのずからなすべき仕事が見えてきましょう。人は自分を悩ますものすべてを取り払う努力をすることでのみ、向上ができます、天界へも手が届きましょう。

もし、皆さんが愛する者と離れているなら、愛は肉体生命を超えて生きていることを思い出しなさい、瞑想でその愛する者に会えることを心にとめなさい。自分で扉を降ろしさえしなければ、分離ということはあり得ないのです。地上の束縛を断ち切り、想念と祈りをもってかの霊域へととび立ちなさい。そこで、完全な交流と幸福を見出しなさい。

勇気を持ちなさい。いつもそばに守護天使と守護霊がおられることを忘れなさるな。たえず平和と交流を得させせんと貴方を助けておられるのです。貴方が霊的に向上する努力をすれば、守護霊は大変喜ばれます。

恐れをもちなさるな。神が愛であることを失いさえせねば、貴方を傷つけるものは何もないのです。

取越し苦労は愚かです。何事も最後は必ずうまくいくのです。されば守護霊と手と手をとって歩いて行きなされ。万事は神の計画に従って事が運ばれていると、かように心得なされ。どんなに辛いカルマの真中にあっても、神の慈悲と愛は働いております。神の愛を信じなされ。

◇　◇　◇

霊の領域には時空の制約がありません。太陽系とか、金星その他の惑星の同胞たちに、皆さんが思いを馳せる時は、距離という枠でものを考えます。遙かに遠いと皆さんは思っているわけです。しかし、そうではないのです。彼らの方は地球の人間より、現時点ではずっと進化していまして、距離で制約をうけることはないのです。

他方、距離的にずっと遠くにいる友人を皆さんが考える時、わざわざ面倒な旅行をして会いに行きませんね。思えば彼はそこにいます。すぐそばにいます。肉体を脱いだ生活では、これが我らの現実です。我らは愛を言葉としてものを考える、すると愛する者はそこにいます。

神とキリスト神霊に真に愛と崇敬を捧げる者は、ただちに偉大な生命と光の中心にあるのです。人が地上にある限りは、環境というものが骨の折れるものに思えましょう。前進すれば困難に会い、困難は克服されねばならず。だが、霊の歩む道に本当の意味で困難は無いのです。何となれば、霊は神の生命とつながっており、神の生命ないし愛には、別離はなく困難もないからです。この事は複雑に聞こえるかもしれませんが、理解するようにして下さい。ご理解がいけば、貴方は霊師たちの世界に触れるのです。霊師の想念は人類には刺戟とか愛の波として届きます。この霊的刺戟に、人間の魂が触れまたは触れられ、ないしはそれと同調する時は、必ず物質の統御が明らかに見られるのです。

神への熱誠によって、善をなそうとする衝動によって、皆さんははかりしれぬ力をもつ宇宙へ自己を開くのです。貴方の器の波長が合うや否や、皆さんはその世界にいます。霊師らは一緒に居ます。霊師の精神が霊師の霊が、貴方を使っています。

◇　◇　◇

神の計画は完全です。されば、何故にくよくよ気をもみ心配されますか。偶然に起こるものは何一つありません。万事が神法に則《のっと》っております。人がもし罪を犯し、霊的法則を破っても、この愚行の結果は必ず神法によってよろしきように転用されるのです。このように神は常に修繕屋さんです。民族を癒し魂を癒しておいでになります。されば、貴方の目には偶然に起こるものがあるように見えても、実際は、すべての事が神のご意志に従って働いているのです。必ずやこの事を胸にとめておかれよ。されば貴方の現在のことに全力を尽くされたら、その余の事は、神の愛に、完ぺきな法に任せなさい。恐怖を持つことなかれ、くよくよすることなかれ、生命も事も偉大な神霊の手に委《ゆだ》ねなさい。

先ず神の王国を求めなさい。神と共に食べるテーブルを求めて、貴方の心に活を与えなさい。たとえ貴方の前途に何が横たわっていようともです。もし貴方が神を信じるなら、間違いなく神の愛がすべての貴方の出来事を通じて流れ、貴方は心に安息を覚えるのです。

神は完全な愛です、完全な英知です。神が神の子らから求めたもうのは、愛です。子らがその人生のすべてにおいて愛を表現することです。

◇　◇　◇

皆さんは、忍耐と静寂の教訓を学びとらねばなりません。

こう申せば、皆さんは、では待つことか、じっといつまでも待つことかと、こう受け取られる。私には皆さんの声が聞こえます、「だがホワイト・イーグルさん、私たちは辛抱していますよ、ずっと待ちつづけておりますよ」と。人生のことすべて、友らよ、辛抱第一で生きねばならぬのです。何となれば、人が肉体から解き放されてあの世に行く日まで、この辛抱の教訓を学んでいるのです。忍耐の本当の意味は、神への信です。神が一分たりとも貴方から目を離されないこと、貴方の魂を美しく賢明な目的に沿うて導いておられること、この事を心の内深く知った上でのです。

がむしゃらにある所まで行こうと、焦ってはいけません。毎日、毎時、毎分を、神の守って下さる愛の中で心静かに生きること。時が来たら逃さない、ただし、一時に一つの事をする、これです。

焦って何かをしたいとか、ああなりたいとか、そんな考えをもつや否や、波長が乱れます。目を太陽に向けなさい、神と神の時に心静かに住みなさい。毎朝目覚めの時に、毎晩眠る前に、思いを大いなる神霊に向けなさい。これがすべてです。神は貴方の心に居ますことを感じなさい、貴方がその生命である力の息子であり娘であると、心に刻みなさい。

貴方に必要なもの、それが何であろうと神は知りたもう。神は愛であると共に、聖なる英知であり知性でありたもう。神は正義であり給う。さればあらゆる事が善を目指して働いております。このことの得心がいけば、貴方に平和が生まれます。貴方の心の動機が善ならば、貴方は善であります。神は貴方から目を離されることなく、貴方が望むものは何なりと、その正しい時に現れます。地上にあっては、人はあらゆる困難あらゆる課題に会います。他者を裁きます。人生を裁きます。それは思うように事がならないからであります。しかし、貴方が見得るものすべてが、目的をもち、人類の目を開いて進歩を進めようと、神についての意識を開こうと助けている、このことが分かる時、すべては良しと貴方は知るのであります。

◇　◇　◇

「貴方の十字架にバラの花が開きますように」この意味を解きますと、光に向かっての努力を通じて、物質の十字架の重荷が、霊的生命のかぐわしいバラの花に変わりますように、ということです。地上生活では、必要な物はすべて働いて手に入れねばなりません。これと同じことで、本当の喜びや知恵も、努力を通じて、霊性の進歩発展を通じてのみ得られるものです。ですから、貴方の努力に怠りがありませんように。たゆみなく道を進むこと。苦しい時は、キリストの星（太陽神霊）の幻に祈ること。その姿を心に画くこと。貴方個人をも世界をも、その神光を発現させたいと導いて下さっている方々のことを決して忘れぬこと。

人によっては、平和であること、波立つ水に油を注ぐ努力を、弱さの現れと見る人たちがいます。だが、弱さというより「柔和」と言いなさい。主キリストは柔和です、だが万能です。平和とは、個人においても国家においても、動力なのです。平和な精神は善に対して強力です。この精神を物質の上にも行き渡らせなさい。物質を使い、物質すなわち自己の低我を勝手にさせなさるな。この平和、この力、この聖なる生命、この至福をほとばしり出しなさい。決して神の善なること、その英知を疑いなさるな。

何が大切かと申して、貴方の魂が神を知ること神を愛すること、この外にありません。貴方が確固として光の道を歩むこと、これ以上のことはありません。貴方に何を望むか、第一にして最大なるものは神、あなたの霊、言葉を変えれば貴方の高我、これを望みます。貴方の真実の自我とは、輝く霊、永遠なる生命の大海の一滴。何と申しても、貴方はこの光り輝く霊に対して、真実でなければなりません。

貴方が光に従えば、自分の高我の指示に従うなら、それが真実に同胞へ奉仕していることです。地上のいざこざの暗闇に自分を投げ込んじゃいけません。争いごとから超然とすることを学びなされ。不滅の真実にしっかりと触れていなされ。そこに真理が、愛が、幸福がありましょう。そこに自由があり、またこれあればこそ、貴方は同胞と全人類に最大の助力ができるのです。

◇　◇　◇

皆さんはどなたでも、ある時には、いやおそらく常に、平和を望んでおられる。皆さんは平和を、相身互いの善意、国と国との間の善意、武器を捨てること、このようにお考えだ。だが、平和とはもっとそれ以上のものです。それは心の内部でのみ分かり、理解できるものです。平和は一切の世の騒乱、雑音、騒々しさ、その下にあるもの、感覚の下に、思考の下にあるもの。これは深い深い魂の静寂と沈黙の中にあるものです。それは霊です。換言すれば神、貴方を創造なされたその方です。

どうしたら人はこの平和を発見できましょう？　頭で考えても分かりません、精神力を使ってみてもとらえられません。そうではないのです皆さん、星がそこへ皆さんを導きます。

ベツレヘムの馬小屋の上に輝いた、今も光っている星が導きます。皆さん、馬小屋のことを、聖母とその保護者ジョセフと共に考えてみて下さい。聖母とは愛です。生命賦与者です。その保護者ジョセフとは、物事を正しく考える善い精神であり、神子を産む聖母を見守り保護するものです。

かの星に導かれて、すべての賢い男女は、その心の中に、神秘なるキリスト神霊の誕生を見ます。すべての生きものたち、動物・人間・天使らを、そこへ導くのは愛であります。何となれば、天使らさえもキリストの生地を崇敬します。キリスト神霊のみが地上に平和と善意をもたらすからです。皆さんがキリストすなわち黄金の方を思えば、その霊が皆さんをとらえれば、どんなに心が乱れ心配や悲しみがあっても、皆さんの心に生まれるキリスト神霊が皆さんを平和に導きます——精神も世界も取り去ることのできない平和を。

さて、皆さん、聖母の象徴である、柔い紅バラの像を心に描いてみませんか。その姿を思い浮かべ、バラの匂いを嗅ぎ、花弁の柔かさを感じて、その中心をのぞいて見れば、キリスト神霊のキラメク宝石が見えます。そこから美しい霊力が貴方の中に放たれましょう。

あらゆる形式は思想によって、精神によって創造されます。我らは思想による形の創造が、神の子の力の内部にあることを、皆さんに覚えて貰いたい。その力とは皆さんの中に、すべての人の中にあるのです。しばしばそういう想念体が、不注意で否定的な思想から創られることもあります。そうした念体は殆んど無益なものです。しかし、神の思想、正しい思想は完全な形を創造します。皆さんが神を拝し、神の愛に心を向ける時、皆さんはこの上なく美しい想念体を創造しています、その崇敬の真摯さに応じまして。

我らはバラの花の像を皆さんのために描いてみせました。心得て頂きたいことだが、この像は皆さんの心臓中枢の象徴です。このバラを創造するには、美しい思想をもつこと、即ち、柔かく優しく光り輝く姿を考えること——そうすれば、バラの像がエーテル界に出現します（それは今エーテル物質を使っているからで、これは思想で容易に形がつくれるのです）。地上で皆さんがこの完全で美しい花を創造できれば、皆さんはキリスト誕生のための安息所を、「洞穴」を作っているのです。何となれば、皆さんの高尚な精神が創造したその花の中に、心臓中枢の中に、完全な宝石、霊のキラメク宝珠が鎮座するからです。

皆さんが霊的に進歩しますと、自分がエーテルの中に、高級な世界の中に、おのずから自発的に美しい形を創造していることが分かりましょう。この善い思想によって、皆さんは善い肯定的な形姿を、自発的に創造するのです。その中に神子誕生の揺り籠が、子宮があります。

以上、我らは単純な映像をもって、深い神秘的な真理をお伝え申した。

第5章

心静かであれ

霊の世界は貴方の周りに、貴方の内部にあります。貴方の内部には神の力があります。されば、貴方が絶えず自分の心の中で、神が私の中に住んでおられる、私は神の中に生きていると、こう言いきかせていれば、神の力が貴方を導いて下さいます。貴方の必要が何であろうと、物質的なものは忘れなさい、深く内在する永遠の霊に貴方の思いを完全に集中しなさい。常に、ためらわずに内在の光に従いなさい。自分の霊の声に従いなさい、それこそ貴方の霊師の声でもあります。

人々は霊師に触れたくて、あっち行きこっち行きします。彼らはこう思っている、霊師と同じ空気が呼吸できたら、自分は天国に近付いているのだと。だが、そうはいきません。人はそれぞれ適切な時が来たら霊師に会いましょう。しかし、霊師はあまり身近におられるので、皆さんにはそれが見えないのです。貴方が仕え従うべき霊師は、まさに貴方の心の中におられるのです。やがて貴方の意識が拡大すれば、遂には霊師を知り、霊師を認めるでしょう。霊師は貴方の中におられ、貴方を通じて働いておられ、貴方の肉体と魂のすべての原子を支配しておいでになる。

謙虚に愛をもって努力しなさい、貴方の内界におられる霊師に会えるように、心の中の霊師を見分けるように。されば最後には、貴方は光明によって使われましょう。貴方の後から来る若い同胞を導くために、助けるために。

◇　　◇　　◇

主イエスが、貴方と貴方の日常生活から、遠くかけ離れた玉座に座っている、遠い人物だなどと思わないでいただきたい。そう思えばそれだけで、貴方とイエスの間に垣根を作ることになるのです。主イエスは強靭で、霊的に強力な魂です。しかし、またはなはだ人間的でもあります。極めて柔和で、しかし外観は高貴です。顔には髭があり、額は美しく秀で、容貌は完全です。その際立った特徴は手足の美しさです。

イエスは現代と強いつながりを持っています。ある意味で、次のキリスト光の流出のために、人類の魂の準備をしています。彼は治病光線の長であります。従って、身体治療の仕事と共に、魂の治療の仕事があります。彼は人々の魂に英知と愛をもたらします。彼は哲学と治療の仕事に関与しているのです。何となれば、本当の治病とはすべて、霊的な事物に関する知識と結び付いているからです。なおかつ、現界と霊界の心霊力とも結んでおります。貴方が治病家なら、主イエスの助力を確実に受けることができます。イエスはもちろん白色同胞団の仕事にも関与しています。というのは、同胞団の仕事は人類の魂を治療することですから。貴方が太陽神霊の光を発出すれば、世界の中に、即ち人々の魂の中に治癒力を放射することになります。

イエスは愛と憐れみを放射しております。たいへんな重荷を耐えましたが、今も耐えておりります。キリスト霊に完全に身を委ね、この上ない犠牲を果たしました。キリストの用に己が身体を捧げたのでした。彼はすべてを与えたのでした。されば、彼と共に働こうとする者に、犠牲と自己放棄の精神をもたらします。彼は全人類への優しい愛を皆さんに感じさせてくれます。彼は皆さんの内部に愛と幸福が流れ出る精神を起こさせます。貴方がもし神に己が道と意志を委ねれば、たちまちにして平安と言語に絶する幸福を感じる者となりましょう。

イエスを、もっとも人間的な、陽気な、幸福な、思慮のある、そして愛に満ちた者としてお考えなされ。

皆さんの愛の念が、愛する故人に届かないということはありません。肉体が死にますと、神のお使いである死の天使が、眠っている魂を連れ出し、地上のたちこめる霧の中を大事にいたわりつつ伴い、新しい家の長椅子の上に置きます。すべて地上の恐怖は後に残されます。

地上の皆さんは死をひどく怖れます。本当は死を怖れているのは貴方ではありません。肉体なのです、それが死を怖れている張本人です。死は気のすすまぬ締め金を引き抜いて、霊を自由にするために送られる天使です。

もし、人が天界にある愛する方々と、密接な交流をしながら生きていきたいと望むなら、人間の方で熱誠をこめて、その方々が近付けるような地上の状況を作らねばなりません。ひどい不調和な波長をもつ、つまりリズムが狂ってしまうような地上の人間のところへくる、天使など思いも寄りません。だが、そこに調和があるなら、天使達はそば近くへくることができるのです。

◇　◇　◇

霊は霊で養われます。霊は肉体にくるまれていても、天界から来るもので養われています。

皆さんは荒々しい狂ったリズムから、かの物質界の不調和から自己を切り離して、高級な波長である天界の波長に同調するよう、努力せねばなりません。

病気といい心配事といい、すべて事が思うようにいかぬのは、我らの言う不調和の結果です。つまり生命の根源、すなわち造物主との接触が狂っていること、その結果です。それを癒すためには、物的な事は忘れて、霊的生命に同調していかねばなりません。すなわち、皆さんはキリストと、キリスト集団との交流を通じて、自由を求めていかねばなりません。

神は皆さんの必要とするものをご存知です。神は皆さんの肉体と共に、魂が必要とするものを知っておられます。魂が主です、魂が先ず健全ならば、肉体はその喜びの果実を刈り取ります。

◇　　◇　　◇

日常生活で、もし貴方が望むなら、直ちに心の静寂が得られます。内在する神の意志の力で、嵐を鎮め、静寂とやわらぎに入ります。

皆さんは、自由にして神聖、幸福にして喜びにみちた生命を知りたいと望んでおられる。光明の国を、モーゼが見た約束の地を、のぞきたいと望んでおられる。それができます。我らがその方法を教えてあげましょう。

貴方の霊の静寂を何ものにも乱させてはなりません。これが乱れますと、たちまち、生命の源から貴方の魂につながっている、すべての美しい色彩の糸がもつれ乱れてしまいます。この事実は、「電信の交差」であって、すると、皆さんはなぜ物事がこんなに難しいのかといぶかしがる。電信を交差させてはいけません。接続の線をもつれさせぬよう、すっきりとさせておかれよ。霊の静寂と穏やかさを守りなさい。約束の地をのぞいたことのある者はすべて、静寂を守ります。己が生命の主となる者は、乱れるということが決してありません。

時として皆さんが浮かぬ顔をしている様を我らは見ます。それはこうしたいと思ってる事をしていないからです。力は十分にあるのに、チャンスさえあればうまくやれるのにと、皆さんはこう感じておられる。我らは皆さんの心に次の事を刻み付けたい、自分の道をあれこれ選り好みしてはよろしくないと。皆さんは霊師の前に立っているのですよ、その命令を待ちながら。時として皆さんは辛抱し切れなくなる、今すぐ何かせねばと、そう思い込みそれを期待する。天なる父とその使徒たちを信頼せずに。即ち、貴方をずっと見守って下さっている方々への信はそっちのけにしているのです。

一日の仕事の前に毎朝、自己を神に委ねなさい。そうすれば一日が平和で幸福でありましょう。神のご意志を遂行する力が、貴方に一杯に満ちるでしょう。

イエスは申しました、先ず神の国を求めなさい、されば すべてのものが備わるだろうと。この王国を求めなさい。先ず神を求めなさい。貴方を引っぱる肉のこと、気がかりな心のことで、頭を悩ましなさるな。目標に向かって、キリスト精神を求めてまっすぐに進みなされ。神をもつに至れば、貴方の人生は、なに人もこれを奪うことのできぬ幸福に満たされましょう。

第6章 光の中で考えよ、語れ、行え

友よ、キリスト魂をもって、強くあれ、断固として生きられよ。自己中心主義を克服しなされ。うぬぼれはいけません。心も精神も謙虚に、天なる父、天なる母である造物主の、至高の愛と英知に身を委ねられよ。

想念は人生で最も強力な影響力をもつものです。人生とは想念です。自分が思うとおりに人はなるものです。ですから、もし本当に人を助けたいと思うなら、自分の想念に目を向けなさい。神を忘れなさるな。内在するキリスト神霊に真実でありなさい、自分自身の家の主でありなさい。

皆さんは自分のカルマ（業《ごう》）に従いこれを受け取らねばなりません――このことは真理であります。ただ、皆さんは、内なるキリスト魂によって、これに従い受け取ることが可能です。されば、汝の敵を愛し、仇をなす者に善をなすことができるのです。これが皆さんの人生、皆さんの心の一部となる時、皆さんは神の平和と愛と至福の大いなる海に入れるでしょう。その時、人は真実に人類の友であります。皆さん一人一人の前途にあるのはこの仕事であります。友らよ、キリスト魂を強くもたれよ、若い友らを助けて強くならしめよ。

良い想念、即ち神の心が、世界を支配していくでしょう。同胞団はその目的のために活動をしております。何となれば我らは存じておる、良い想念、神の心、正しい想念、愛の心が人類を救済するものであることを。

友らよ、神のために生きなさい、自己中心主義を克服しなさい。身も心も純潔に健全に保ちなさい。健康を――これが力の源ですから――健康な精神と身体を求めなさい。されば、清浄な生活の道を踏まねばなりません――清浄な食物を食べ、清浄な空気を吸い、清浄な想念を持つ、このことです。我らは愛をもって、何もかも承知して、同情して申しております。皆さんにはいろいろ困難がある、なかんずく身体については困難がおありだ、よく承知しております。それが厳しく自己を律することですから。されど、愛する友らは、肉体的な俗世の誘引には超然として立っておられよ、されば、程なく人生が容易となることが分かりましょう。手を神の御手の中に置きなされ。されば、万事が善に向かって――神に向かって、貴方の人生は展開していくでしょう。

もし、皆さんが正しくものを考えたら、奇蹟が起こります。

◇　◇　◇

　皆さんは、なぜ我らが人生の美しい面を強調し、不調和で美しくない面を全く無視するのか、いぶかしく思っておられる。皆さんの地上的見地からすれば、いささか反発もありましょう、「なぜ、ちっぽけな美なのに殊更に強調し、悲しみも無知も闇も大きいのに、これを無視するのか」と。

　その理由は、我らの目は皆さんよりもよく見えるからです。霊的生命の卓越した美が見えるからです。いや、地上の生命についてもそのとおりです。こうして皆さんに語っている間にも、まるで魂にひびく音楽のように、戸外の木々にさえずる小鳥の歌が聞こえます。祭壇にある花は友たちのように思えます。その花には、守っている自然霊の姿が見えています。その花の美も香りも彼らのおかげなのです。これら自然霊たちは我らが友です、兄弟です。

　何と美しい世界ではありませんか。都会を離れれば、野の花々の咲く原野に行けます。芽吹く穀物や、若い実をつけた木々が見えます。空を見れば無数の自然霊たちが見えます。みんな生命のために働いています、人間たちに食物と生活の資となる賜物を運んでおります。この会堂の皆さんの周りの至る処に、光り輝く師や天使達の姿が見えています。皆さんの魂に愛と平和を満たそうと、奉仕しようと、待っておられるのです。我らには見えます。皆さんが耳にした音楽、あの音楽を通じて、音楽の天使らが皆さんのそばまで来て、丁度竪琴を手で弾くように、皆さんの魂に触れている姿が。皆さんが音楽の世界の調和を吸収してくれるようにと。

まだ不思議に思われますか。我らが神の賜物を、神が惜しみなく子らである皆さんに放出しておられる賜物を、絶え間なく強調するその事が。愛する友らよ、見えませんか、貴方がたが愛と美に応える程に応じて、地上の美を皆さんは増進させているのです。その上にまた、秤の反対側のもの――人類の闇、無知、非道さ、利己主義を減少させてもいるのです。我らは人間生活の汚さ醜さを存じておる、しかし、この汚濁を追放するのが我らが仕事、また皆さんの仕事です。私らは天の王国へ向かって、たえず上昇、たえず前進をつづける、かの道を進み行くものです。我らは日常の想念と行為の一つ一つをもって、愛と幸福を創造することができます。さればそれにより、我らは神の進化の大計画を助けております。

◇　◇　◇

皆さんはこう言う、「ホワイト・イーグルさん。貴方は想念のコントロールをせよとおっしゃる、だができません」と。

簡単な問題で申してみましょう。ちょっとした仕事がある場合、たとえば木片に釘を打つようなことでも結構、全注意を払ってやることです。貴方の全存在を、その手仕事に集中するのです。あれやこれやものを考えながら、一つの事をしてはなりません。手元のその小さな仕事に興味を集中しなさい。何回も人の話を聞いて、何も分からないということがありましょうか。その話が面白くないこともあろうが――でなければ、貴方が馬鹿なのですよ。話をしている時は、相手以外のことはみんな忘れなさい。全注意をその人の言葉に集中しなさい。少なくともそれが礼儀です。万一霊師が来られたとする、皆さんの方ではそうとは知らず、彼に話しかける――多分つまらぬことを。霊師の方では皆さんの一言一言に注意を向けられましょう。その間、貴方の話は霊師にとって一番大事なことなのです。この事を真剣に受け取っていただきたい、この中に想念統御の単純にして実際的な手本があるのです。常に、いま貴方がしていることに、全注意を集中しなさい。

眼をふさいでふらふらと生きなさるな。生き生きと物事に関心をもち知的に生きなさい。

その時その時のことに的をしぼりなさい。これが想念統御の第一段階です。されば、皆さんは霊師や指導霊にとり、光の通路として有用なものとなり始めましょう。

心は真実の圧殺者である、このことを忘れなさるな。破壊的な想念は横へ置きなさい。そんなものは捨てなさい。生命の基調音——愛に自分を同調させなさい。

ものにはものの価値があるもの、これを世俗の知で追い払ってはなりません。すなわち、心は強力なので、うまくこれを活動させることもできれば、使い方を誤ればとんでもないことになるのです。心の年齢は危険な年齢です。ですから、賢者は絶えず精神や感情の調節に心掛けています。心は破壊者です、心は維持者です。心はある意味で、偉大な母、生命の子宮です。上っ面だけ見ていてはいけません。人間の心に目を向けなさい。心から事を行いなさい。口先だけでは駄目です。生命の内的意味に気付きなさい。相手の心に、集団の心に、人類の心に、地球の心に目を向けなさい。神愛の象徴であるバラの花とは心であります。

◇　◇　◇

想念の力はあらゆる生命の創造力であります。しかし、大抵の人の魂の中で、それは沈黙したままです。貴方の神の想念を使うようになりなさい。皆さんの内部には神性の原理があるのです。これぞ物質の原子を統御し、これらに波動を起こさせている力なのです。

もう一つ教えてあげましょう。単純な言葉ですが、しょっ中使われていて、大して気にもとめず使われている、あの言葉「神」はとてつもない力をもっております。皆さんが自分の想念や心から、神とか善とかの波動を発出させればさせる程、神の力を発動させているのです。貴方の中には休眠している偉大な力が見えませんでしょうか。これぞ神から皆さんへの贈り物なのです、皆さん。

イエスがその宗教活動を通じて、なかんずく強調したのは、「我が内に住み給う父が、この事をなされる」これです。イエスは神を愛する人がすべてそうであるように、己れを外に出すことをしなかった。もし人が内在神性のこの真理を理解するなら、その人は真実の神の息子、神の娘としての力をもつに至りましょう。また、同胞に対してはまさしく同胞としての奉仕をする者となりましょう。

皆さんは、神に似せて創られているのではありませんか。何と皆さんは素晴らしいものではありませんか。父である神の完ぺきな子となれるよう、内在の霊の賜物を堅持すれば、キリストのようにさえ貴方は奉仕に励む者となりましょう。

主の言葉をかりて我らはこう申しておこう、「己が羊を養え」――日常の奉仕と愛によって。

◇　◇　◇

来たるべき再臨の日に心を集中する者に皆さんがなってもらいたい。勇気を！　キリストの僕《しもべ》として、勇気を欠いてはなりません。皆さんは試されるでしょう。と申すのは、影が皆さんを取り巻いていて、くたびれさせようと、自信を失わせようと誘っています。「私は役立たずだ」こう言わせようとしています、「劣等感」をもたせようと誘っています。そういうのは謙遜ではなくて、気まぐれなのです。

もし、貴方が心配をしたり恐怖を抱いたりすれば、それは何の役にも立たない、自分を憐れむベールを自ら引き寄せているのです。それは建設的ではないから無益なのです。建設的でなければなりません。大白色霊団の方々が絶えず皆さんに注いでいる力を、自ら引き寄せるようにせねばなりません。それが貴方のためです。

貴方のしている仕事に勇気を持たねばなりません。治病に勇気を、人に慰めを与えることに勇気を、奉仕することに勇気を。また、神の力を決して疑わないように、すなわち貴方を通じて働く神の力を決して疑わぬように、勇気を。自分は良くないと考えることは、神の力を疑うことです。貴方ひとりでは単に神の通路です、しかし、貴方の中に在るもの、即ち神の力は、生命を導き、統御し、創造する原因であります。宇宙を創造なされた神、無数の星々と、地球に影響を及ぼす諸遊星を創造なされた神。偉大な回転を与え給うた神、地上に作用し、また相互作用しつつ、個々の生命にも影響を与えている宇宙光線を発動なされた神――この同じ聖なる原理が、皆さんを通して創造をしているのです。

◇　　◇　　◇

皆さんは六つの尖端をもつ星の下で働いていますが、その星とは完全にバランスのとれた生命の象徴です。つまり、キリスト人（神人）すなわち人間の中のキリスト神霊の象徴です。それは完全となった人間の偉大な象徴であり、また、霊の表現であると共に、物質の基礎をなすものです。我らはいま降る雪片のことを思っています、自然界の多数の生命形態はこの星の六個の尖端に基礎があるのです。

もし皆さんが自分自身を、無慮無数の小さな六尖端星で構成されていると考えられるなら、自分の力が何であるかが分かり始めましょう――いいえ、貴方の力でなしに、内在の神の力です。人間は束縛され、制限され、ある程度は物おじしています。それというのも、長い間の物の考え方や生活から、低次元意識に縛り付けられてしまっているからです。しかるに、人間の内部にはこの神の力があるのです。この神の力は、愛とか人に何かを与えるとか、人間の本然の声に従えば、直ちに発動するものなのです。多くの生を重ねつつ、人は愛の声に従うことを無視してきました。人間はこう望みました、与えまい、取ろうと――自分の方に物を引き寄せようと。この欲ばりで、人間は自分の力の蔵の鍵を失ってしまいました。

しかし、貴方の内部には、愛さえもてば発動する、この力、この光が存在します、この事をお忘れなきよう。ですから、この光この生きた光を発動させるように、神と人への愛を貴方の中で鍛えるように、忘れてはいけません。霊の光とは、貴方の心から、貴方の全身から輝き出るものです。人間の心臓中枢は、闇夜に照る松明《たいまつ》ともなりましょう。暗い幹線道路に投げられた光ともなりましょう。これぞ宇宙の光です、神の真正の光です、奇蹟を起こす生きた光です。皆さんに内在する無数の小さな星々の力が集中されれば、克服できない問題が、困難が、制約がありましょうか。ベツレヘムの星、皆さんの心臓にきらめくキリスト神霊の星、これです。

ベツレヘムの星とは、この愛の星です、真実の平和の星――静止したままの平和でなしに、動力的な強力な平和の星です。

ですから、この光り輝く星を、あらゆる物に浸透する動力と真正の光の象徴と考えましょう、無知と恐怖と不幸と悪を克服する鍵と心得ましょう。

神は人類を幸福なものとして創造されました、苦しい人生としてではありません。父であり母である神は、地上の子らが幸福であるように創っておいでになります。されば神は皆さんに幸福をお与えになります。皆さんは心を開いて、この幸福を同胞に手渡しせねばなりません。

◇　◇　◇

神はご自身を現すことの出来る人間を必要としておいでになる、この事を心得られよ。皆さん、おできになりますか、説教をするのじゃなくて、福音を生きること、闇に光を射し入れること、善のないところに善の種を播くこと、これらのことです。愛と神の想念によって、同胞らに善の刺戟を与えることです。

光の力の通路となること、皆さんが同胞に奉仕できるこれ以上の道はありません。奉仕の機会があるのに、人頼み人任せにしてはいけません。貴方自身がそれをやることです。貴方が神に身を投げ出すこと、神の意志に従うこと、神の方法を受け入れ、直ちに僕《しもべ》となることです。これによって貴方は世界を救っております。貴方を通じて光を放つのに、光を世界中に拡げるのに、何の制限もありません。

世界は必要としております、積極的な神想念をです、それをこそ貴方は放射することができます、精神と身体の疾患を癒すためにです。貴方の魂を沈黙させて、静かな水辺に跪き、神の子の、即ちキリスト神霊の治病光線の力を送り出しなさい。皆さんの背後には、想像を絶する力が存在しています、神の子らがその通路となることをひたすら待ちつづけてです。どうか、その通路が広く開かれて、貴方からほとばしり出るその光が全世界を癒すように、死と暗闇より永遠の光明と栄光の中に、世界を高めてくれますように。

ワンネス・ブック シリーズ について

ワンネス・ブック シリーズ について

すべてのもののいのちは一つ（ワンネス）という視点を失った人類が、今、地球に君臨している。鉱物・植物はもちろん、動物もゼンマイ仕掛けの物質と考える文明が科学を生み、科学を手にした巨人（料理人）が、今、物体地球を好みに合わせて料理して食べている。動物・植物の種の断絶の進行、地球温暖化、オゾン層ホールの拡大、癌・エイズなど変成疾患や耐性病菌の増大、核兵器による不断の脅威。これら素材を殺した科学料理のゴミ処理に、今、巨人は立往生している。

すべてのもののいのちは一つ（ワンネス）、地球はまるごと生き物である。この古代ギリシアと東洋の英知に、今、巨人は活路を見出さねばならぬ。だが、科学料理の味に馴れきった地球人の舌には、ピリリと香料のきいた科学的な人間不滅の証明から始めねばなるまい。

そこで、近代心霊研究（霊魂実在の証明）、スピリチュアリズム（墓場を越えてつづく人生）、ネオ・スピリチュアリズム（人間、動植物、地球のいのちは一つ）のフルコース、ワンネス料理を提供する。デザートには、愛の宇宙法則（地球を愛の星にするライフスタイル）で仕上げをして、地球を第四次元的世界（楽園）に導く。

本シリーズは、桑原啓善が「生命の樹」グループで説いた、講話集をもう一度陽の目を見させるために新装再刊したものである。

駄足だがここには、宮沢賢治の「みんなむかしからのきやうだい」だから、人がデクノボー（無名の奉仕の人）になって生きれば、「みんなの本当の幸福」が実現できるという、賢治の夢が重ねられている。

桑原《くわはら》 啓善《ひろよし》（ペンネーム　山波言太郎）（一九二一〜二〇一二）

詩人、心霊研究家。慶應義塾大学経済学部卒、同旧制大学院で経済史専攻。不可知論者であった学生時代に、心霊研究の迷信を叩こうとして心霊研究に入り、逆にその正しさを知ってスピリチュアリストになる。浅野和三郎氏が創立した「心霊科学研究会」、その後継者脇長生氏の門で心霊研究三十年。一九四三年学徒出陣で海軍に入り、特攻基地で戦争体験。一九八二〜八四年一人の平和運動（全国各地で自作詩朗読と講演）。一九八五年「生命の樹」を創立してネオ・スピリチュアリズムを唱導し、でくのぼう革命を遂行。地球の恒久平和活動に入る。一九九八年「リラ自然音楽研究所」設立。すべての活動を集約し二〇一二年「山波言太郎総合文化財団」設立。

訳書『シルバー・バーチ霊言集』『霊の書』上下巻『続・霊訓』『近代スピリチュアリズム百年史』他。

著書『人は永遠の生命』『宮沢賢治の霊の世界』『音楽進化論』『人類の最大犯罪は戦争』『日本の言霊が地球を救う』他。詩集『水晶宮』『同年の兵士達へ』『一九九九年のために』『アオミサスロキシン』他。

でくのぼう出版

〈ワンネス・ブックシリーズ〉全6巻　桑原啓善

1

人は永遠の生命　新装版

本当の幸せって、何？

桑原啓善　著

死と死後の世界、霊魂の働きがいかに人間の運命と深くかかわっているかを優しく解説したネオ・スピリチュアリズム入門。神を求める人、人生を生きぬく道を模索する人に最適。

●1200円+税　240頁

2

神の発見

桑原啓善　著

宗教から科学の時代に移った。だが、科学は物質の中から物神を創り出した。本当の神は貴方の中にいる。大自然界の中に在る。本当の神の発見。

●1143円+税　346頁

3

人は神　新装版

桑原啓善　著

人は肉体の衣を着けた神である。この一事を知るために人は地上に生まれた。ネオ・スピリチュアリズムの神髄を語る講話集。

●1200円+税　288頁

4

ホワイト・イーグル

天使と妖精　新装版

グレース・クック

桑原啓善　訳

宇宙は人間ひとりのためにつくられてはいない。見えない世界の天使や妖精、これらが我々とワンネスになって生命を構築している真実にそろそろ我々の目を向けよう。

●1200円+税　224頁

5

ワードの

「死後の世界」　新装版

J・S・M・ワード　原著

桑原啓善　編著

地獄（死後の世界）を伝えるめずらしい霊界通信。実在する人物が地獄のどん底まで落ちて這い上がった記録。もう一つの人生の指針。

●1200円+税　232頁

6

ホワイト・イーグル

自己を癒す道　新装版

桑原啓善　訳

身体と魂を癒す神の処方箋。病気は心因に端を発し、その最奥には霊的な始原因がある。永年にわたって版を重ねてきた癒しの名著。

●1200円+税　248頁　●関連CD発売中〈朗読・桑原啓善〉

ワンネス・ブック シリーズ 第四巻

ホワイト・イーグル
天使と妖精

一九八八年 七月 一五日 初版 発行
一九九九年 四月 二〇日 新版 初版 第一刷 発行
二〇二四年 一〇月 三〇日 新装版 第四刷 発行

訳 者 桑原 啓善
装 幀 桑原 香菜子
発行者 山波言太郎総合文化財団
発行所 でくのぼう出版
神奈川県鎌倉市由比ガ浜 四—四—一一
TEL 〇四六七—二五—七七〇七
ホームページ https://yamanami-zaidan.jp/dekunobou
発売元 星雲社（共同出版社・流通責任出版社）
東京都文京区水道 一—三—三〇
TEL 〇三—三八六八—三二七五
印刷所 シナノ パブリッシング プレス

ISBN978-4-434-25626-4